博瑞森图书
BRAGE

企业阅读 本土实践

管理 · 人文 · 生活

走出薪酬管理误区

中国企业薪酬激励系统化解决之道

全怀周◎著

企业管理出版社
EMPH
ENTERPRISE MANAGEMENT PUBLISHING HOUSE

图书在版编目（CIP）数据

走出薪酬管理误区：中国企业薪酬激励系统化解决之道/全怀周著．—北京：企业管理出版社，2013. 11

ISBN 978 – 7 – 5164 – 0521 – 5

Ⅰ. ①走…　Ⅱ. ①全…　Ⅲ. ①企业管理 – 工资管理 – 研究 – 中国　Ⅳ. ①F279. 23

中国版本图书馆 CIP 数据核字（2013）第 222255 号

书　　名：走出薪酬管理误区：中国企业薪酬激励系统化解决之道

作　　者：全怀周

选题策划：刘　刚

责任编辑：周灵均

书　　号：ISBN 978 – 7 – 5164 – 0521 – 5

出版发行：企业管理出版社

地　　址：北京市海淀区紫竹院南路 17 号　邮编：100048

网　　址：http：//www. emph. cn

电　　话：总编室（010）68701719　发行部（010）68414644

编辑部（010）68701661　（010）68701891

电子信箱：emph003@ sina. cn

印　　刷：三河市文阁印刷厂

经　　销：新华书店

开　　本：710 毫米 ×1000 毫米　16 开　15. 25 印张　170 千字

版　　次：2013 年 12 月第 1 版　2013 年 12 月第 1 次印刷

定　　价：45. 00 元

博瑞森图书：企业视角　本土实践

亲爱的读者朋友：

也许您是博瑞森图书的老读者，也许是新朋友，欢迎您阅读博瑞森图书！

当今中国，各行各业都存在着转型升级的压力与机遇。博瑞森图书与您一同应对转型挑战并发现其带来的机遇。

我们一直在问：什么样的书能为您解决管理难题并带来启发？

我们一直在找：哪些作品最能帮助企业从跟随到领先？

我们一直在做：把最好的作品以最便捷的方式呈现给您，纸质版、电子版、听读版、书摘邮件、微信……

我们策划图书的原则是：

- 企业视角——与您一样，做水中的游泳者，而非岸上的观众或教练，企业的困惑就是我们的任务；
- 本土实践——与您一样，立足本土环境，追求卓越实践，传播最适合当下中国企业的管理之道。

我们希望您：把阅读各类经营管理类图书时的遗憾或收获，告诉我们（13611149991），我们将认真聆听。

如果有一天，您把博瑞森图书视为您优秀的事业伙伴、管理助手，我们也就实现了自己的梦想。

博瑞森图书

010－51900529

bookgood@126.com

薪酬管理的战略价值

中国人民大学教授、博士生导师
华夏基石管理咨询集团董事长、总裁 彭剑锋

华夏基石管理咨询集团（以下简称华夏基石）这一咨询品牌到今天已经走过整整十个年头，这十年也是中国企业发展最快的时期。非常幸运的是，我们赶上了这一快速发展时代，华夏基石始终坚守并践行为客户创造价值、与客户共同成长的理念，在成就客户的同时，也成就了华夏基石今天的品牌价值。

企业就是经营客户、经营人才，经营客户本质上也是归结于人才的经营。中国企业高速成长壮大的十年，也是中国企业人力资源管理变革创新、升级换代的十年，这十年中国企业人力资源管理变革的突出特点表现在三个方面：

第一，人力资源价值的提升。虽然人力资源的概念在企业管理中存在已久，但是真正认识到人力资源的价值，真正意识到人力资源是企业的核心资源，并真正从意识转化为正视，从正视转化为重视，只是近十年来的事情。人力资源对企业成长的核心价值与战略贡献已经成为共识。人力资源管理如何激发人的潜能，让员工成为价值创造者，在企业价值成长的同时，实现组织与个人价值的同步成长已经成为中国企业人力资源管理的核心目标。

第二，人力资源管理思路的转变。中国企业的人力资源管理也正历经从人事管理、人力资源专业职能管理、再到战略性人力资源管理的发展过程，虽然只是转变了词语，但是内涵和思路截然不同。其本质是由事务性管理，到管理职能和管理系统建设，最终落实到对企业战略的支撑作用。因此，我们经常谈到的战略性人力资源，一定是从企业战略要求的角度出发，把对战略的贡献作为评判人力资源管理效果的依据。

第三，从粗放式人力资源管理到精益化的人力资源效能管理的转变。人力资源管理已经不单纯是一项管理职能的简单定义，而是将重点放在如何提高人力资源管理效率、提高人力资源的贡献度和提高人力资源创造价值的能力上。

值得欣慰的是，联想、华为、美的、新奥、中粮等优秀的中国企业，已经随着人力资源管理思想的发展，走在了人力资源管理实践的前沿。这些企业的优秀做法和实践，为中国企业人力资源管理提供了鲜活而宝贵的经验。

薪酬管理是人力资源的核心之一，也是员工价值创造的发动机与动力源。不言而喻，只有体现战略价值的薪酬，才可以称之为战略性薪酬。只有经过实践检验，才能构建起符合企业发展需求的薪酬管理。管理的实践，既需要理念，也需要方法，更需要行之有效的落地手段。只有真正落地，落实到日常管理过程中，落实到员工身上，才能说薪酬管理发挥了它应有的价值。作为一家咨询公司，华夏基石有着浓重的研究情结，致力于研究引领中国企业前沿的变革思路和变革方法。华夏基石更注重实际问题的解决，更关注于落地，关注对企业最优实践的总结、提炼和标准化。本书的撰写，就是对薪酬管理真实案例的思考和总结的成果之一。

本书有以下两个突出特点：

（1）**系统化**。作者通过长期理论研究和咨询实践，总结出中国企业薪酬管理的突出问题，从薪酬策略入手，到薪酬体系构建，再到薪酬体系的动态运行，从系统化角度清晰地阐述了战略性薪酬管理体系的构建步骤、技术方法、落地手段，很多内容具有独创性，并且都已经过企业的实践检验。相信读者能够从中发现自身遇到或者关注的问题，找到解决之道。

（2）**标准化**。虽然管理无定势，但是管理从理念到方法，是完全可以标准化的。这种标准化，既指出了解决薪酬管理问题的具有普适性的基本路径，也提供了具有普适性的工具方法，这些内容都是作者在分析大量咨询案例时对企业问题和解决方案的积累与总结基础上得出的结论，具有非常强的实用性、可靠性和借鉴性。

企业的竞争是人才的竞争，对人才的有效激励，充分发挥人才的创造性和主动性，是形成企业核心竞争力的核心手段。本书既适合企业高管借鉴、深思，又可以作为人力资源专业工作者的工作手册，还可以为各级管理者就如何激发下属工作热情和动力，创造高绩效提供参考。

相信本书的出版，会为众多中国企业走出薪酬管理误区提供系统化解决之术！

中国企业薪酬激励的八大误区

管理无定势，人力资源管理更是如此。人的需求是千变万化而非“刚性”的。我们很难奢望员工完全凭着热情和激情去工作而不追求回报。从对员工激励的角度来讲，主要包括非经济激励和经济激励。非经济激励主要包括晋升、职业发展、培训机会、荣誉称号等。经济激励主要包括短期激励和中长期激励——从人力资源管理职能来讲，即薪酬管理。因此，薪酬体系设计在企业中显得尤为重要。

“薪酬”自古有之，为什么直到今天，仍为诸多企业所困惑？根源可能存在于三个方面：其一，企业并未定位于薪酬对企业战略的支撑职能，而是将其作为一项独立职能来看待，将目光集中在如何发挥薪酬的保障激励功能上，而没有站在企业角度进行系统化思考，大大局限了薪酬的战略性作用；其二，从设计角度看，对于构建这项管理职能的“专业能力”还有所欠缺；其三，从管理角度上，对于如何让薪酬管理系统“动起来”的管理意识、管理能力和管理方法还有所欠缺。

这种困惑或许在众多企业中具有普遍性，这是本文的基本出发点。概括来说，当今企业薪酬管理的核心功能体现在三个方面：吸引并留住核心人才，有效激励并促使员工创造价值，提高员工满意度和忠诚度。

当面临员工离职风潮、留不住人才、找不到人才的时候，企业往往会寻求薪酬手段加以解决。当真正实施起来，又感叹为什么即使高薪也会导致激励失效？最终面临的几乎还是一样的困惑。

总结下来，中国企业当前薪酬管理面临八大误区（如图1所示）：

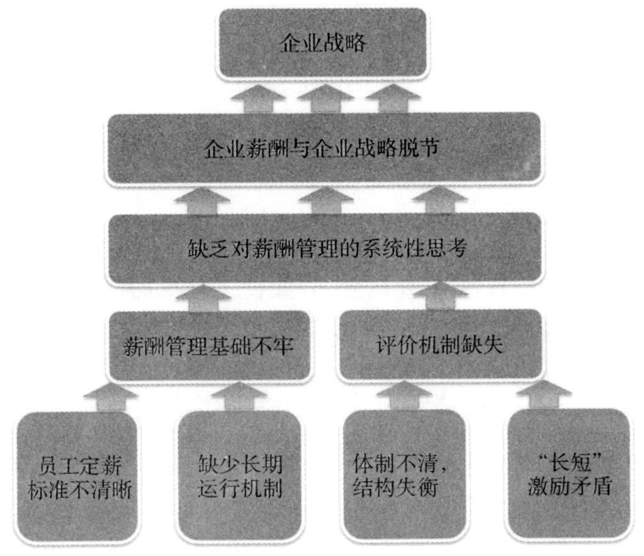

图1　中国企业当前薪酬管理面临八大误区

（1）企业薪酬与企业战略脱节。薪酬管理没有成为企业吸引、留住人才的支撑点，导致核心人才频繁跳槽，员工缺乏工作与晋升动力，薪酬策略导向没有与基于战略的员工队伍建设相结合，无法形成人力资源核心竞争能力。

（2）缺乏对薪酬管理的系统性思考。追求高薪，忽略薪酬管理的系统化设计，企业付出高额劳动力成本，却无法换取高效能产出。

（3）薪酬管理基础不牢。企业存在组织架构调整“多动症”，缺乏对企业业务方向、业务模式、业务开展方式的系统分析，岗位管理基础不牢，员工能力体系建设不实，薪酬管理体系建设缺乏“支撑点”。

（4）评价机制缺失。组织评价、业绩评价、员工能力评价匮乏，缺乏对员工薪酬水平的“内外部”评价机制，导致分配不公，员工之间矛盾突出，对企业抱怨重重。

（5）员工定薪标准不清晰。以单一因素作为确定员工薪酬标准的依据，缺乏对岗位、业绩和员工个体因素的综合考虑。

（6）缺乏长期运行机制。“头痛医头，脚痛医脚”，重视短期效应，企业更多的是采取“亡羊补牢”、“打补丁”策略，缺乏对薪酬管理长期持续运行的系统化思考，薪酬管理系统运行不畅。

（7）体制不清，结构失衡。与员工岗位特点相匹配的薪酬体制不清晰，薪酬结构项目繁杂，缺少设定依据，各薪酬项目之间比例失衡，导致过于稳定、保障不足、激励失效等问题产生。

（8）“长短”激励矛盾。“长效不长，短效太短”，短期激励与中长期激励无法有机结合，重此轻彼，矛盾突出，二者之间无法做到平衡。

薪酬管理是人力资源管理中的一项职能，它既是企业人力资源管理职能的核心组成部分，同时又与各人力资源管理职能甚至是企业管理职能具有密不可分的关系。所以，薪酬管理本身既是一个系统，同时又是整个企业管理系统的子系统。只有站在企业角度去思考薪酬问题，才能让薪酬管理成为真正连接企业和员工的核心纽带。

我们在谈到薪酬的时候，往往是将薪酬定位在对员工的保障和激励上，这是传统意义上说的薪酬的重要功能。薪酬更重要的基本定位应当是企业运营和发展的关键支撑，所以，也就有了“战略薪酬”的概念。无论企业是否有清晰的战略，薪酬都应该客观存在。但是，只有基于战略性思考的薪酬体系，才能发挥对企业运营和发展的支撑作用。

基于企业战略的薪酬管理系统化结构模型如图 2 所示。

薪酬策略是薪酬管理体系构建的起点。形成明确的薪酬策略需要两

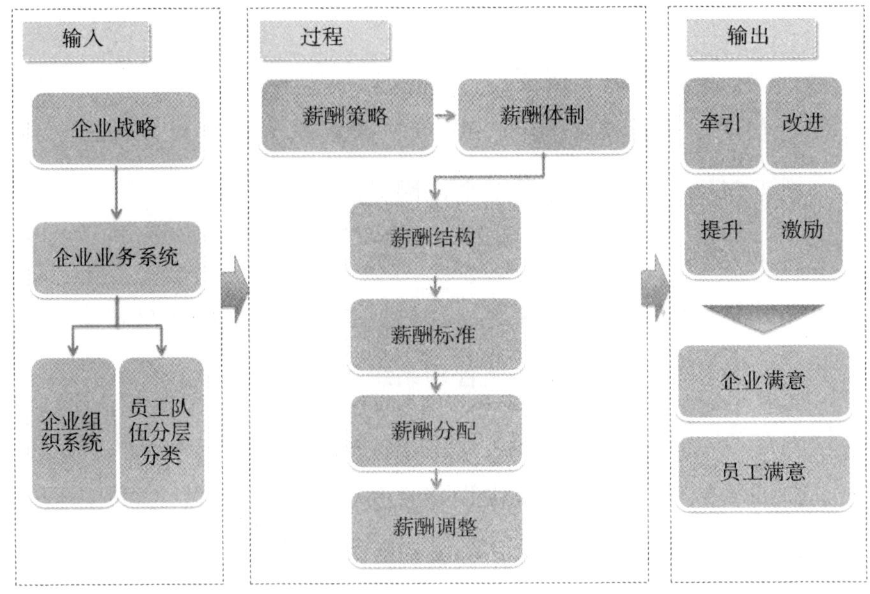

图2 薪酬管理系统化结构模型

个前提支撑：企业战略和企业业务系统。在企业战略和业务系统分析基础上的组织系统及员工队伍分层分类系统将作为薪酬管理系统设计的输入条件。具体到薪酬体系设计过程，包括薪酬体制、薪酬结构、薪酬标准、薪酬分配与调整等基本环节。薪酬体系构建的结果是要形成对公司员工队伍，尤其是对核心人才的有效激励，并引导员工不断改进短板、提升业绩，最终使企业与员工双向满意。

当然，任何一家企业都脱离不了市场背景，企业薪酬体系设计，必然会受到社会经济状况、市场竞争状况等因素的影响。设计企业薪酬体系时，要考虑同行业、同区域、同规模企业的薪酬管理状况。

一项管理职能能否在企业中落实，至少要包括两个层面：一个是设计层面。任何一项管理职能都必须经过严密的理论和逻辑的检验，借助科学严谨的方法和工具得以成型。另一个是管理层面。评判某项管理职能在企业中作用的大小，并非简单地依据职能本身是否科学、合理，更重要的是要通过实践验证。可惜的是，目前很多企业在构建管理职能的时候，更多追求的是前者，忽略了运行和维护。所以，管理职能的构建，必须要考虑技术和管理双重因素。如图 3 所示。

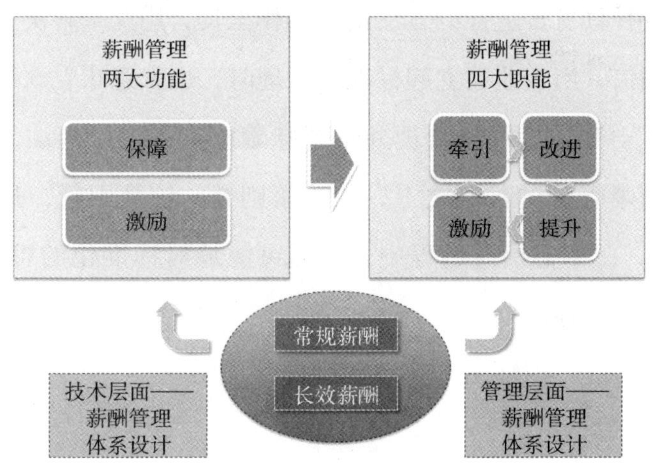

图 3　薪酬的基本类型

薪酬的基本类型，可以划分为两类：常规薪酬和长效薪酬。所谓常规薪酬，是指全员享有、日常发放，起到短期保障和短期激励功能的薪酬，常见的形式包括岗位工资、绩效工资、能力工资、年终奖、各种日常补贴、法定福利、企业福利等。长效薪酬是指对员工起到长期激励功能的薪酬，常见的形式包括股票期权、业绩股票、虚拟股票等。

不同的薪酬类型在企业运行中的作用不同，在设计方法上也有所区别。本文不想过多地阐述理论或概念，而是在实际应用过程中的一些体会、感悟和总结基础上，追求设计过程的可操作性和逻辑上的严谨性。

关于薪酬设计，有很多理论、思路、方法。从现代企业对薪酬的认知上来看，企业已经越来越意识到薪酬在企业管理和人力资源管理中的关键作用，而且对于薪酬管理的系统构成也有比较清晰的了解。需要提及的是，在长期为众多企业提供咨询服务的过程中，我发现每家企业所遇到的问题和困惑都是个性化的。但是，在实践的过程中，我一直在努力尝试总结一种标准化的设计和管理过程。当然，这种标准化并不是指放之四海皆准、用一个“模子”去“雕刻”所有的企业薪酬体系，而是代表着一种具有普适性的方法论和操作工具，用此来解决企业个性化问题。我相信，当企业建立起标准化管理时，也就意味着薪酬可以进行“简单管理”。当然，简单管理并不意味着一定要追求简洁，而是必须要建立在清晰管理的基础之上，“该繁则繁，该简则简，是为简单管理”。所以，在本书撰写过程中，我尽可能地对标准化的思路、逻辑、方法进行详细阐述。

第1章　误区一：薪酬未能支撑战略

——战略性薪酬管理

案例：A 企业战略调整引发的薪酬变革

“基于战略的人力资源管理”这一概念已经越来越多地被企业提及。可惜的是，目前中国大多数企业的人力资源管理仍然处于“传统的职能管理阶段”，即主要关注人力资源管理系统和其各项管理职能的设计、运行，而忽略了与企业发展战略之间的关系。

2010 年，我与一家从事服装设计、生产和销售的民营企业（以下称 A 企业）进行了深度合作。A 企业在同行业中处于领先地位，在企业管理方面，尤其重视企业文化、人力资源管理，并且非常重视公司整体发展规划。在初次与该企业接触时，我印象最深的就是“企业看板”。企业整体年度计划、月度计划、周计划完成情况随处可见，清晰明了。该企业的基本经营理念是，所有的事项均通过计划任务的方式落实，并且随时公示计划进度和任务完成情况。可以说，正是这种强有力的执行和监督文化造就了企业的成功。

从该企业人力资源管理状况上看，组织体系较为完善，并且具有相对明确的组织运行和维护规则。员工职业生涯发展系统已初步建立，绩效考核主要以“任务”的方式开展，效果较好。从薪酬体系上来讲，主要基于“岗位”和“业绩”，各薪酬项目之间的比例较为合理。薪酬体系已经实施了几年，从体系建立之初，无论从薪酬水平还是运行机制，员工就普遍表示对薪酬体系的认可。

该企业重点关注的是两类员工群体，一类是工艺与设计人员，一类是销售人员。工艺设计人员薪酬体系采用岗位绩效工资制，根据工艺设计任务完成情况核定工资总额；营销人员主要采用传统的“底薪＋提成”的方式，根据销售任务完成情况核定工资总额。

如果归纳该企业成功因素的话，一个方面是企业的执行力非常强。比如，工作计划、进度、完成情况等随处可见，“看板”这种方式对员工执行力的促进作用非常大。这一点可以说是该企业在管理上的一个很有特点的手段。另一个方面是从业务模式的定位上看，还是比较成功的，A企业对国内一线服装企业都做过研究分析，应该说现在的模式在充分借鉴这些企业优点的同时，有自己的创新。

近年来服装市场的竞争非常激烈，一线品牌的竞争尤其激烈。如果单纯地拼规模，对资源投入要求太高，风险也过大，一旦整个业务链条中的某一个环节出了问题，可能导致全盘皆输。所以在这种高竞争的大环境下，该企业在2009年开始做了一些方向上的调整，采取“内外并举”的策略。

所谓“内”，就是指从公司内部出发，加强工艺和设计的力度，为此从国外聘请了几位这方面的专家，作为公司的常年顾问。“外”是市场，除了加大力度扩大市场覆盖面之外，强化“销售管理”是下一步的一个重点工作。

该公司之所以要进行薪酬体系改革，主要是由于以下三个原因：

其一，由于近年来服装行业竞争较为激烈，传统的“外延式”增长已经不具有竞争力，而且投入产出的性价比较低。该企业在制定2011－2013年战略计划时，明确以“内涵式”增长作为主要的发展方式，具体到人力资源队伍，逐步由销售向工艺与设计偏移。

其二，从近年来的收入来看，工艺设计与销售之间的“脱节”情况比较严重，虽然近年来销售状况良好，但两部门之间相互“抱怨”的情况屡见不鲜。从总体收入水平看，销售人员普遍高于设计人员，企业面临重新定位“内部公平”的问题。企业的基本想法是，“内”的部分要适当加大力度，并且跟市场情况挂钩，既要解决公平性问题，又要考虑效益问题。

其三，近年来员工流动率较高。企业虽然付出较高的薪资待遇，但依然无法成为吸引和留住人才的有效手段，导致核心人才频繁跳槽。

第 1 节　战略薪酬服从于企业战略

薪酬调整，或薪酬体系优化，可能会有若干原因，如：

（1）薪酬的标准水平低。

（2）结构不合理。

（3）体系不明晰。

（4）运行不顺畅。

……

比较重要的一个原因就是，当企业战略进行调整时，相应的管理体系无法适应调整后的企业战略，支撑作用逐渐弱化。

案例中，A 企业所面临的问题，我把它定义为“战略薪酬”调整问题。本节重点探讨三个内容：①薪酬与战略之间的关系；②薪酬与“战略薪酬”的关系；③“战略薪酬”设计的方法。

■ 薪酬与战略之间的关系

战略是“方向”，薪酬是“手段”。战略解决的是方向、目标和路径问题，而薪酬管理则是对方向、目标、路径达成过程的支撑点。简而言之，战略与薪酬的关系就是战略方向和目标在哪里，薪酬策略就导向哪里。所以，战略薪酬是在确定战略的基础上，企业将战略落实到薪酬策略和员工队伍的薪酬体系。

薪酬管理是人力资源管理的核心职能之一，战略薪酬是企业战略的支撑体系之一。

在一家企业里面，解决战略问题的关键要素有三个：管理、人、资源，如图 1－1 所示。

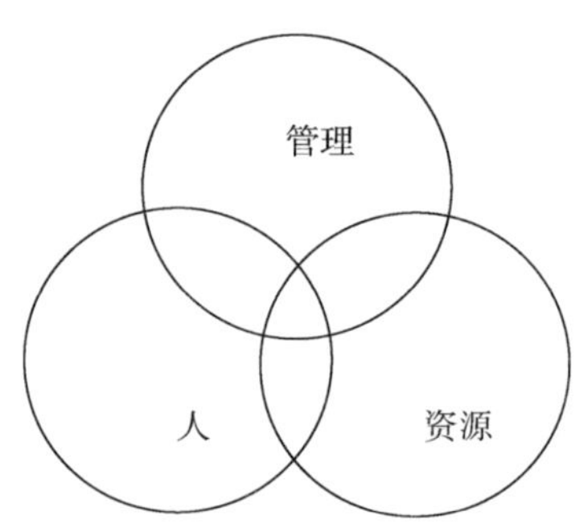

图 1－1　解决战略问题的三个关键要素

（1）管理：解决的是企业各项业务运行方式和规则问题。

（2）人：解决的是由“谁”来实现目标的问题。

（3）资源：解决的是“靠什么”支撑达到目标的问题。

以上三者的交集，就是人力资源管理。薪酬管理是人力资源管理中的一项关键职能，这项职能发挥得好与否，对人力资源队伍的激励效果如何，直接影响战略目标的实现。

薪酬，是实现战略目标的关键手段之一，其基本作用是激励员工主动、自发地为公司的战略方向努力。

薪酬与“战略薪酬”的关系

这里首先需要回答一个问题：战略薪酬与薪酬是什么关系？

薪酬并非依赖于战略而存在。员工在企业中工作，企业依据员工创造的价值给予相应回报。所以无论企业是否有战略，薪酬都客观存在。当企业具有明确的发展战略时，其对薪酬主要会产生以下三方面影响：

1. 影响薪酬策略导向

战略是“方向和目标”，企业战略对业务方向、业务重点和业务开展方式必然产生影响。这种影响具体到人力资源层面，就是对员工队伍的“相对重要程度”产生影响。例如，如果下一步重点走“内涵式”发展路线，则对工艺与设计人员的要求和价值定位必然提高。

2. 影响薪酬水平

导向性带来的结果，就是薪酬水平向重点类别员工倾斜。这里所谈到的薪酬水平是指相对水平，要结合“内部公平性”和“外部公平性”综合考虑。

3. 影响薪酬体制

基于战略的分层和分类员工队伍建设，与之相匹配的薪酬体系应当有所差别。例如，考察工艺设计人员的重点在于设计研发任务完成情况，采用岗位绩效工资制比较合适；对于销售人员，采用业绩提成制可

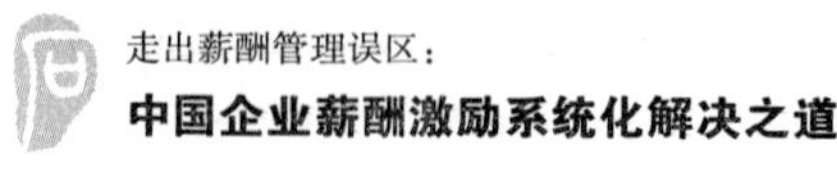

能比较合适。

■"战略薪酬"设计的方法

关于战略薪酬的理论比较多，也有关于"薪酬战略"的不同分类和定义，在此不做赘述。本小节内容主要探讨企业战略对薪酬体系构建过程的影响和实际操作方法。

战略薪酬，首先要求企业重视发展的总体规划。

A 企业每年会对未来三年的发展进行规划并且制定计划，落实到每个部门，滚动修订。这次战略调整，更多的是从发展方式上考虑，并非业务领域的改变，毕竟企业经过多年积累，在同行业中具有比较强的竞争力。既然战略发生变化，对薪酬应当需要进行调整。在具体操作过程中应当如何开展工作？

在很多人理解来看，"战略"都比较"空"，位置比较"高"，其实不然。薪酬设计普遍缺乏对企业发展战略的思考，对战略支撑作用不强。在薪酬体系设计中，必须要考虑到公司整体战略，才能落实到具体的"战略性"薪酬。需要重点强调的是，"战略薪酬"的根本定位是一项支撑企业战略的人力资源管理职能，必须服从于企业战略要求。

第 2 节　战略薪酬的"DPIM 功能四定位"

何为战略薪酬？是否基于企业战略分析而设计的薪酬体系即可称之为"战略薪酬"？

薪酬管理既可以理解为一项人力资源管理的"功能"——传统意

义上起保障和激励作用，又可以理解为一项人力资源管理“职能”——战略薪酬对企业战略的支撑。具体来讲，有四项基本定位，如图 1－2 所示：

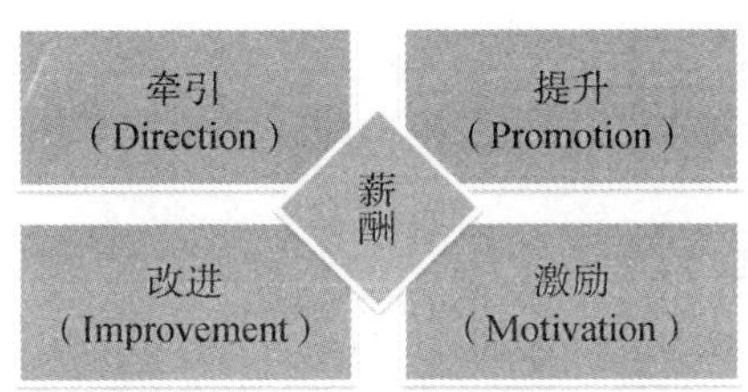

图 1－2　战略薪酬的基本定位

■ 牵引（Direction）

战略薪酬体现了企业对满足企业发展需要的员工队伍的价值分配导向，战略薪酬体系必须向为企业创造价值多的群体和个体倾斜，并通过薪酬策略和薪酬水平，达到对员工任职和发展的牵引作用。

■ 提升（Promotion）

企业发展本身就是不断提升的过程。在价值分配环节，企业以员工的岗位、能力、业绩等综合因素作为付薪依据，只有在员工达到企业要求时，才给予相应的回报。员工获取回报的多与少，与企业的持续发展和个人能力与业绩的持续提升有密切关系。

■ 改进(Improvement)

以薪酬作为杠杆，在牵引员工成长发展的同时，对员工所创造的价值做出评判，进而督促员工持续改进。

■ 激励(Motivation)

与员工付出相匹配，以薪酬为手段，激发员工的工作热情与工作动力。

第3节 薪酬策略，战略的落脚点

战略薪酬设计的三大要素：战略、业务、组织，如图1－3所示。

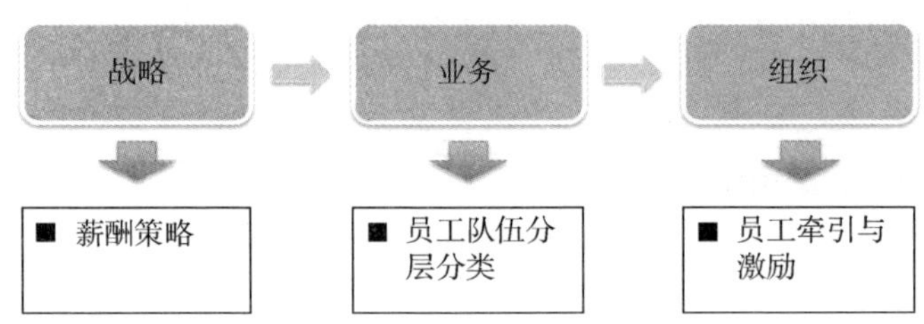

图1－3 战略薪酬设计三大要素

■ 基于战略要求的薪酬策略

目前采用比较多的薪酬策略包括低成本策略、差异化策略、专一化策略等。根据企业战略要求，通常比较好的做法是，根据战略重点，明确员工队伍需求重点，通过对不同类型员工重要性分析，采取不同的薪酬策略。

■ 基于业务需求的员工队伍分层分类

从具体设计角度看，人力资源部门通过对公司下一步的战略和业务重点进行分析，对员工队伍进行层级和类别划分。分层分类设计的目的是明确薪酬分配的对象，并据此设定不同的薪酬体制。

■ 基于组织需求的员工牵引

企业战略具体的落脚点是组织，依据战略，企业设计组织以及与员工职业生涯发展相关的晋升路径。在此基础上，人力资源部门通过对员工任职能力分析、人岗匹配分析等，构建薪酬体系，并与组织和晋升路径相对应，进而实现对员工的有效激励。

评判战略薪酬体系合理性的最终依据，主要体现在对符合企业战略发展要求的员工的激励效果上。

第4节　薪酬策略关注点：给谁付薪，付多少薪

记得在2006年服务的一家国有企业，企业当时提出的一个口号是："价值分配向一线人员倾斜。"口号提出后不久，很多生产工人就不断到人力资源部反映，说企业都已经把口号提出来了，过了一个月，为什

么还没给我们涨工资？

一般情况下，企业在考虑薪酬策略的时候，需要有意识地向关键员工队伍倾斜，企业也愿意给他们多支付薪酬。但是，这种策略经常会遭到员工的质疑：为什么我们的收入比别的部门低？这是很多企业在薪酬管理中存在的一个误区。面对这种质疑，企业该如何应对。虽然企业经常说在价值分配的时候，要向价值创造多的组织和个人倾斜，但是，如何评判价值创造的大小，企业应该给哪些人多付薪水？

■ 关注点之一：该给谁付薪水

该给谁付薪水重点关注的是对“符合企业战略发展要求的员工队伍”的激励策略。通常来讲，企业薪酬分配应当重点向三类员工倾斜。

第一类：企业的一线业务人员

这类人员是为企业直接创造价值的员工。比如，市场销售人员、生产操作人员、产品开发人员等。一般来讲，针对这类人员的薪酬水平在企业内部应当处于相对较高水平，与外部市场水平比较，也应当处于较高水平。

第二类：企业的关键岗位人员和紧缺人员

这些人员往往处于关键业务的关键岗位，比如，企业的中高层管理岗位人员等。另外一部分人员是指企业稀缺人员，这类人员不一定处于较高的岗位层级，但是，比较难被企业吸引到。例如，前一段时间，中国沿海地区面临的“用工荒”问题，即使是从事简单技能操作的人员，企业用工也面临用人缺口。很多用工企业都通过打“保底收入××、食宿全包”等牌子来抢夺劳动力。这部分人员的普遍特点是流动性较强，所以，企业不得不采取提高待遇的方式来招募。

第三类：对企业未来发展起关键作用的人员，即“战略性储备人才”

这些人在企业当前发展阶段不一定创造多大的价值，但是，企业未来发展的战略方向决定了将来对这类人才的需求。记得曾经做过咨询的一家房地产销售企业，三年之前就开始储备房地产开发人员，到现在，它已经能够完全承担起开发业务。试想，如果企业当初的待遇不能留下这些人，要发展今天的开发业务，恐怕还需要很长时间。

关注点之二：付多少薪水

以前，我在与一家生产制造型企业沟通时，了解到该企业生产工人的待遇在当地至少已经处于中上水平。而自从公司提出“向一线人员倾斜”的方向之后，这些生产工人都期望着能再涨点工资。

同时，其他部门的人员又另有一些想法，比较突出的有两个问题：第一是职能部门的人员觉得自己收入偏低，第二是工程技术开发人员的收入偏低。企业的想法比较简单，提高生产人员的收入，是因为他们的作业条件确实比较辛苦。目前，在薪酬方面，有提高员工收入的空间，但问题是，企业得考虑这个空间“补”给谁。

解决这个问题的关键在于公平性问题，应从两方面考虑：一方面是内部公平，即平衡各类人员之间的收入；另一方面是外部公平，即保证待遇具有市场竞争力。

所谓倾斜，要建立在对岗位价值合理评估的基础上。“倾斜”不代表要在绝对薪酬水平上高于其他岗位，而是指根据企业战略和业务发展重点需要，确定薪酬相对高低水平。评判相对水平的依据，则企业需要充分考虑业务的重要性、市场稀缺性、未来发展性等因素。在确定岗位价值的基础上，企业除了要平衡内部各岗位之间的相对关系，即实现内部公平，还要参考当地工资水平及行业市场薪酬水平，即实现外部公平。

面对公平性问题，在保持整个企业薪酬标准统一性的前提下，企业可以针对不同工种采取不同的薪酬策略。

例如，生产类岗位价值虽然不是很高，但是，对企业的作用非常重要，那么这类人员就可以采用略高于市场平均水平工资的策略，75 分位线甚至更高。

对于薪酬外部水平，可以设几个标杆作为参考，参考最重要的是同地区的、相同或相似行业的标杆岗位。此外，还可以选择一些具有典型代表性的“人群”，例如，应届本科毕业生的市场普遍工资水平。

通常情况下，基于外部水平的薪酬策略有以下三种，如图 1－4 所示。

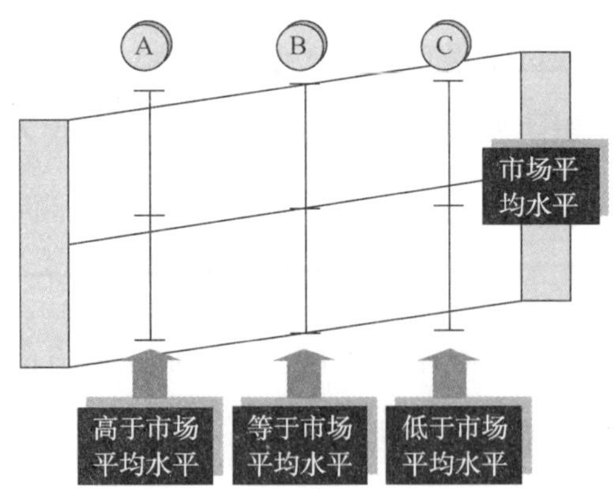

图 1－4　基于外部水平的薪酬策略类型

（1）**薪酬领先策略**，高于市场平均水平。以超过竞争企业的薪酬水平吸引、留住优秀员工，同时，对员工提出较高的工作要求，企业必须具备较高的支付能力。

（2）**薪酬跟随策略，**与市场平均水平相当。企业需要在其他方面，例如质量、技术等方面与其他企业进行竞争，通过其他激励手段达到吸引和留住优秀员工的目的。

（3）**薪酬落后策略，**低于市场平均水平。落后策略在一定程度上能够降低企业的经营成本，同时也易造成对员工的激励不足，因此必须通过其他激励方式留住员工。

第5节　解决之术：战略薪酬设计四步法

从方法论角度看，战略薪酬体系与一般的薪酬体系并没有太大的差别，但战略薪酬设计要重点分析企业，尤其是企业的战略和业务。战略薪酬设计和普通薪酬设计的区别也正在于此。

战略薪酬设计的解决之术，如图1－5所示。

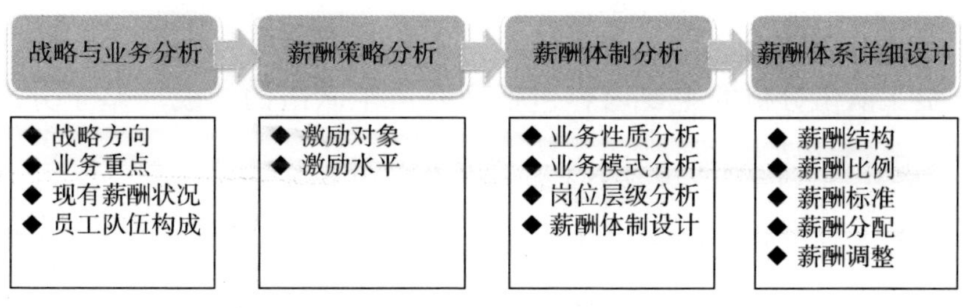

图1－5　战略薪酬设计的解决之术

■ 战略与业务分析

在制订战略薪酬过程中，必须要考虑企业目前的发展阶段和效益状况。回到本章案例，A 企业当时的情况是在业务模式未发生根本性变化的前提下，走“内涵式”发展道路。

走“内涵式”发展道路最先影响的是公司不同类别员工的相对重要性，因此，具体解决过程可以按照下面的步骤逐步开展。

首先，对企业战略和业务进行分析，分析的要点主要包括未来的战略重点、业务重点、现有薪酬状况、员工队伍构成等。

企业战略方向分析的关键，在于明确未来的重点业务领域，企业业务重点分析是评判岗位价值的重要依据。

其次，在业务分析的基础上分析组织，解决组织架构与机构调整问题，并明确重点岗位，进行横向上的岗位类型划分和纵向上的岗位层级划分。

业务分析的方法有业务模式分析、业务开展方式分析、价值链分析等。

员工队伍分析的主要内容包括现有员工队伍的构成（基于分层分类）、现有员工薪酬的相对水平和绝对水平等。

通过上述分析，确定关键岗位类型和关键岗位层级，为岗位价值分析提供依据；确定岗位价值评价的因素，进行岗位价值评估；明确现有企业的薪酬体系和员工薪酬水平，确定薪酬与战略、业务之间的逻辑关系，以及薪酬改革的重点。

以 A 企业为例，现阶段的主要业务类别包括职能管理类、工艺技术类和市场营销类。其中，工艺技术类和市场营销类属于主营业务，职能管理类属于支撑性业务。在此基础上对各业务进一步细分，比如，工艺技术类可以划分为工艺、技术、花型、版式等，市场营销类细分为市场策划、商务管理、渠道管理、销售等。

最后，通过将各业务类别进行比较，明确不同类别的相对重要程度。重要性的比较首先解决的是“大”的方面的业务的重要性比较，其次，对未来薪酬体系调整起方向性引导作用。最简单的比较方式是两两比较的方式，具体方式如表 1－1 所示。

表 1－1　业务重要性比较表

		工艺技术类			市场营销类		
		设计	工艺	……	策划	商务	……
工艺技术类	设计						
	工艺						
	……						
市场营销类	策划						
	商务						
	……						

注：用 1～10 分表示，分值越大，表示重要程度越高。

各类业务进行相对重要性排序解决的是方向性问题，因此，没有必要通过严格量化的方式区分出各业务类别之间的量化“差距”。

依据这三点，可以用通用的方法和步骤来设计新的薪酬体系，这样可以使薪酬现状和未来比较好地结合起来。具体的设计内容，比如，体制、结构、标准、分配、调整等，可以通过一定的技术方法解决。

■ 薪酬策略分析

在前面分析的基础上，企业对各类别包含的岗位进行梳理，重点进行岗位层级的相对重要性分析。由于战略方向发生变化，原有岗位承担的职责或责任大小可能发生变化，所以，重要性大的业务类别，不一定所有岗位都重要，反之亦然。这里解决的问题是进一步明确激励对象，或者说重点倾斜对象。

具体操作上，首先针对承担不同业务的岗位进行梳理和分析，根据战略要求进行调整，包括岗位设置、岗位分析和岗位层级。此部分内容通常由企业中负责组织管理的相关部门完成，组织是薪酬管理的重要基础之一。

其次是确定具体的薪酬策略。比如，针对工艺技术类岗位，相关部门在调整过程中，要依据其在企业战略中的价值定位和外部市场情况，确定它与其他业务类别岗位之间的相对重要性，作为确定薪酬水平的重要依据。

■ 薪酬体制分析

常见的薪酬体制包括岗位工资制、业绩工资制（提成制）、计量工资制（计时或计件）、年薪制等，确定薪酬体制要重点考虑以下三个方面的因素。

其一，与业务性质有关。一般来讲，直接面对市场、直接产生经济效益的业务类别，适合采用业绩工资制，直接负责“产量”的岗位适合采用计量工资制，重点是在企业内部以运营为主的业务类别，例如，职能管理类、工艺技术类等，比较适合采用岗位工资制。

其二，与业务运作模式有关。例如，项目制运作方式的业务类别采用业绩工资制比较合适，职能制运作方式的业务类别采用岗位工资制比较合适。

其三，与岗位层级有关。一般来讲，企业较高层级可考虑采用年薪制，甚至采用中长期激励的方式，较低岗位层级可以采用岗位工资制或业绩工资制等。

上述三个方面的因素在确定具体薪酬体制时可以综合运用。

■ 薪酬体系详细设计

薪酬体系的详细设计包括薪酬结构与比例、薪酬标准、薪酬分配与调整方式等。

战略薪酬设计的方法论与通常情况下的薪酬体系设计并没有太大的区别，主要是在设计过程中，要将战略导向和薪酬策略体现出来。企业既然明确了未来业务发展的重点，就必须建立与之相对应的薪酬体系，薪酬标准也应当进行适当调整。

通常情况下，若企业已有自身的薪酬体系，体制的改革必然会对当前的薪酬体系造成一定的冲击和影响，尤其是在调整薪酬水平时，会改变目前公司不同岗位和员工之间的“内部公平性”，引起部分员工的不满。

薪酬体系是否改革成功，取决于以下三个方面的因素：

（1）由公司战略调整所引起的薪酬策略调整能否为员工普遍接受，关键在于企业的战略要清晰且可实现，员工对战略能理解。

（2）企业是否有足够的薪酬调整空间，或者说调整策略是否明确并且为员工普遍接受。薪酬体制调整后，可能会改变现有的员工收入，很多企业采取的方式是“该涨的涨，该降的不降”，主要目的是尽可能缓解薪酬调整所带来的短期冲击。也有企业在体制改革之初，不对具体薪酬水平进行任何调整，首先落实体制上的改变，然后再逐步采取推行策略。

（3）改革还是过渡，这是薪酬体系改革推行面临的难题。员工对薪酬的敏感性非常强，改革对员工群体影响范围越大，造成的震荡也越大。改革的推行需要企业的魄力，尤其是那些具有历史的“老”企业。当员工形成一种思维惯性时，而这种惯性在短时间又很难转变，则更需要魄力。因此，是彻底改革，还是平稳过渡进行，企业需要慎重考虑。

第 2 章　误区二：头痛医头，脚痛医脚，缺乏系统性思考

——系统化薪酬体系构建

案例：B 企业对“高薪策略”所产生的困惑

2009 年，我与一家从事机械制造行业的国有上市集团公司（以下称 B 企业）进行深度合作。B 企业以生产重型机械为主，主要用于道路、桥梁建设。2000 年改制后，形成集团型组织构架，下属有 4 个事业部、6 家分公司，产品市场以国内为主。2009 年，集团公司总计员工 24000 余人，其中 50% 以上为生产技能类员工，其他为技术研发人员、市场销售人员，是真正集“研、产、销”一体化的企业。

B 企业改制后，逐步向市场化运作方向转变，公司管理体制也逐步规范和优化。由于 B 企业的市场份额和经营效益较好，员工工资水平处于同行业、同区域相对较高水平。但是，企业整体管理水平较差，尤其是在人力资源管理体系方面。

原有的企业管理方式是基于计划经济体制下的管理方式，企业管理基础相对薄弱：存在部门设置混乱，岗位设置随意，因人设岗，人兼多岗，人浮于事的现象；员工的观念相对落后，没有强烈的市场意识；企业薪酬水平相对较高，但无法形成对核心人才的激励，员工队伍整体士气不高；缺乏客观科学的价值评价标准，存在“不患寡而患不均”的现象；整体员工队伍偏老龄化，基础素质不高，虽近年来在逐步引进高校毕业生和专业人才，但是，“老人”的流动性很低，“新人”的流动性比较高，企业人力资源部门的“输血”和“造血”功能发挥得很不理想。

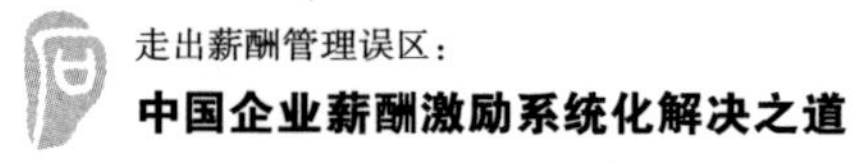

随着企业市场化运作和市场竞争的加剧，B 企业意识到，依靠当前的人力资源队伍是无法支撑企业长期发展的。近三年员工离职调查显示，工资待遇低、缺乏职业生涯发展、分配不公是员工最不满意的三个方面，调查结果出乎 B 企业高层意料，高薪一直是该企业引以为豪的地方，为什么员工却反映待遇低，高薪为什么实现不了高激励？

通过对调查结果分析，发现主要还是与企业薪酬管理体系有关。因此，B 企业决定将薪酬改革作为 2009 年管理重点改进项目，解决分配问题，激发员工工作积极性。

第 1 节　薪酬体系评价三原则

不可否认，薪酬水平高低是评判薪酬体系好坏的一个非常关键的因素，但并不是评判的唯一标准。“没有最好，只有最适用”或许是评判薪酬体系好坏的唯一标准。

在设计企业薪酬体系时，企业不能刻意去追求科学性、先进性，更不能单纯地用薪酬水平的高低作为衡量的唯一标准；符合企业利益，满足员工利益，符合社会环境，并且适合企业才是关键。适合别人的，不一定适合自己，企业薪酬体系的评判标准可以从很多角度进行诠释。

总体来讲，能够支撑企业良好运营的薪酬体系就是“好”的体系。

回到本章节案例，B 企业之所以下定决心进行薪酬体制改革，有多方面的原因。近几年，虽然企业效益还好，但是，老职工的收入并没有相应地增加，新老员工在收入上存在不公平现象。例如，新入职的大学生，收入跟工作了几十年的老员工差不多，老员工心理肯定不平衡。再比如，企业三年前招的 80 多个本科生，现在留下的不到 30 个，有机会的都走了，企业留不住人。尽管这是企业在转制过程中，由于体制惯性必须付出的代价，但是，职工收入不公很大程度上是一个重要影响因素。

B 企业在 2000 年改制，改制后的员工工资体制没有太大的改变，还是按照原来的方式运行。企业工种主要以生产类为主，员工工资主要以计件为主。由于 B 企业以前对技术研发类业务的重视程度不高，所以这方面的力量比较薄弱，企业近年来也重点加强研发队伍建设，急需技术研发人员。技术研发人员工资以岗位绩效工资为主，但他们是目前对薪酬意见最大的员工。营销人员通常是提成制，在底薪的基础上，根据销售业绩提取提成奖励。管理人员跟技术人员一样，都是岗位绩效工资制，管理中层以上的领导干部采用的是年薪制。

通过对员工的调查结果显示，员工目前对公司意见最大的是工资收入，一方面，感觉自己收入低，而且今后提升的空间有限，除岗位晋升之外，看不到涨工资的希望；另一方面，他们感觉分配不公平，不管是跟社会其他行业比，还是跟自己周围的人比，都像是在吃“大锅饭”，员工缺乏积极性，薪酬的激励作用发挥不足。此外，B 企业通过统计计算，加上发给员工的各种补贴，如每个月给职工的饭补、住房补贴等，所有加到一起算，发给员工一年的数目其实并不低，但是员工自己感觉不到。

类似于 B 企业的问题在很多企业都或多或少存在。员工的不满意，虽不完全是薪酬的问题，但是，薪酬确实是一个非常关键的因素。具体到实施过程，评判“好”的薪酬体系应当遵从以下三个基本原则。

■ 原则一：让绝大多数员工没有不满意

让所有人对一件事都满意是不可能的，那只是一种理想化状态。回到实际，企业实行的薪酬体系好与不好的底线，是要让绝大多数员工“没有不满意”。当然，你可能会认为这样的薪酬体系要求太低，没有激发员工的热情。但是，从现实来看，人永远都会对自己的收入不满意，即使满意也是短期的、暂时的（比如，刚涨了工资），对员工的激励不能单纯地依靠薪酬。因此，放低标准，降低期望，“让绝大多数员工没有不满意”是比较现实的选择。

■ 原则二：清晰

清晰是让每一位员工都能够清楚地计算出自己在什么条件下可以拿到多少收入。换句话说，企业的薪酬标准、调整机制、分配办法等都必须做到清晰明白，并且能够有效传达给员工。真正好的薪酬体系，不是企业每年在“黑盒”里计算应该给员工多少工资，员工被动地去接受，而是员工根据相关的标准、制度能够计算出自己的收入情况。实施清晰的薪酬体系才能做到公平、公正和公开，并且对员工具有较强的激励性。

对“清晰”还可以解读为另外两个关键词：统一和规范，就是企业要做到总体薪酬框架统一、薪酬结构与薪酬标准规范、薪酬分配与调整模式规范。

■ 原则三：简单

把复杂问题简单化，可操作。我曾经服务过的一家企业，把各种名目的补贴项目累计起来有 40 多项，每个项目的奖金核算办法都不同，在没有信息系统的时候，计发员工薪酬，光计算就要花几天工夫。试想运行这样的一个体系，即使员工没有意见，管理又有多少效率？因此，薪酬体系要尽可能做到结构简单、计算方法简单、调整方式简单，使企业不管是专业的人力资源管理人员还是其他的普通员工，都能够相对比较“简单”地计算出自己的薪酬。

第 2 节　薪酬管理系统化五要素

薪酬水平是评判体系好坏的重要依据，但并非唯一依据。薪酬管理体系的构建是一项系统工程。

■ 要素一：以策略为主线

一般来说，薪酬管理首先要明确的问题是薪酬管理策略。简单地说，可以从两个方面考虑，一个是向什么人倾斜的问题，换句话说，就是哪些人对企业来讲更重要，薪酬待遇就要相对高些，这解决的是我们常说的内部公平性问题；另一个是薪酬水平的问题，与市场水平相比处于什么位置，这解决的是外部公平性问题。

薪酬策略可以说是整个薪酬体系设计的主线。以 B 企业为例，如果技术研发是重点，那么在薪酬待遇上对这类人员就必须具有足够的吸引力，否则会很难引进人才，或者留不住人才。

在具体设计过程中，策略导向的确定和落实通常会有一定制约。B 企业在考虑技术研发类员工队伍建设时，已经有意识地提高这类员工的待遇。由于企业原有的工资体系存在，这部分人的工资相对水平虽已高于其他员工，但是由于薪酬总额的控制，这类职工的工资增长空间比较小，拉不开与其他工种员工的差距。如果工资增长得太高，企业又承受不了。另外一个现实情况是，虽然企业职工的收入并不低，一年算下来，跟同行业其他企业比较起来，至少处在中等水平，有些工种的收入可能在市场薪酬的高位，但是员工并不满意。

■ 要素二：明确的薪酬体制

同样的收入，发放的方式不同，可能给员工造成的感觉完全不一样。

例如，如果一位员工一个月的收入是 1 万元，每个月全额发放，和每个月发 5000 元，另外 5000 元作为考核发放，效果可能完全不一样。第一种情况员工肯定是最满意的，每个月的收入有保证；第二种情况会让员工认为自己的工资只有 5000 元，另外 5000 元自己不一定能拿到。具体的发放方式和发放标准，落实到设计层面就是薪酬体制。所以，评判薪酬管理体系的第二个关键要素就是是否有明确的薪酬体制，针对不同类型员工的薪酬体制是否清晰。

以 B 企业目前的体制来讲，有岗位绩效工资制、计件工资制、提成工资制、年薪制等，不同类型的员工与薪酬体制具有比较明确的对应关系。

■ 要素三：合理的结构与比例

由薪酬体制所衍生出的问题就是薪酬结构和比例问题。

以岗位绩效工资制来讲，它至少应该包括岗位工资、绩效工资两部分。这两部分工资会有一定比例，就像前面的例子，两者比例不一样会产生不同的效果。岗位工资属于相对固定部分，起到的是保障性作用，比例越大，保障性越大。绩效工资属于浮动部分，不稳定，起到的是激励作用，比例越大，激励作用越大。但是，固定部分和浮动部分要保持一定合理的比例关系，否则很容易对员工心理产生极端影响。如果员工对自己的薪酬构成都搞不清楚，薪酬又怎么可能具有保障或激励作用？

■ 要素四：兼具公平性和竞争力的薪酬水平

第四个需要关注的是薪酬水平问题。薪酬水平是指根据薪酬策略制定的针对不同薪酬项目的具体额度。总体上来讲，薪酬标准有三种形式，第一种形式是指具有一定调节空间的薪酬标准，通常以具体数值或数值区间的方式呈现。例如，岗位工资标准大多采用宽带薪酬的形式。第二种形式是固定薪酬标准，通常以具体数值的方式呈现。例如，各种补贴一般针对不同类型和层级人员采用一个固定的数值，调节空间不大，或者计件工资标准，按照生产一件产品给一个固定的额度。第三种形式是指薪酬标准的规则，通常以“计算方式”的形式呈现，例如，业绩提成按照销售额设定一定的提取比例。

薪酬标准是体现公平性的关键，员工关心的是工资拿多少，怎么拿。

这几种薪酬标准在B企业都存在。岗位绩效工资制是最近这几年开始执行的，以前实行的是基础工资制，包括年功工资和基本工资，绩效工资只是形式上的。绩效工资以前叫月度奖励，后来改成绩效工资，跟考核挂钩，但是，相应的考核体系没有跟上，所以也是形同虚设。执行得比较好的是计件工资和提成工资。现在员工最不满意的是，虽然体制看似比较符合现代人力资源管理的理念，但是，标准、运行等方面有许多不合理的地方。

■ 要素五：良好的动态运行机制

薪酬策略、薪酬体制、薪酬结构、薪酬标准可以说体现的是薪酬管理中的“静态”内容。薪酬体系运行，还有三个问题需要注意：薪酬分配问题、薪酬调整问题、薪酬总额预算问题。

薪酬分配问题解决的是员工如何获得工资。例如，绩效工资是根据员工绩效考核结果和绩效工资标准计算得到的实际分配额度，交通补贴是按照月度固定数值发放，责任工资根据责任人完成的年度目标责任进行发放等。薪酬调整是指根据员工个人业绩水平、能力水平、外部总体经济环境、企业经营效益等对个人或者企业整体薪酬水平进行调整。薪酬总额预算是企业从经营角度，使薪酬既达到控制人工成本的目的，又能够满足员工收入需求。

除此之外，还有一个非常关键的内容，就是薪酬管理的基础。大多数企业的薪酬管理都是建立在组织管理的基础上，最直接的就是岗位管理体系。另外，关于员工个体能力的差异，也需要在薪酬设计的时候考虑。薪酬体系的运行和动态调整，必须与岗位或员工能力调整紧密结合。

第 3 节　解决之术：薪酬体系分析“二分法”

企业在薪酬体系构建过程中，不能就薪酬谈薪酬。

大多数企业一旦面临薪酬问题，往往从“薪酬”这项职能本身去考虑解决方式。企业自身认为理由很“充分”，一家企业负责人曾经跟我谈到，他们只想做薪酬调整。但是，薪酬调整刚刚完成，组织体系还没有调整到位，战略目标尚未清晰。随着沟通的深入，他们也意识到单纯从薪酬角度是解决不了目前公司问题的。从宏观角度来看，虽然要考虑公司战略、业务等方面，但是，最终落脚点还是在员工身上。要提高员工的积极性，还得通过收入方式来解决。这也是很多企业提出要从薪酬角度来解决管理问题的原因。

然而，多数企业遇到的薪酬问题并不完全是由薪酬体系本身造成的，而是由企业的经营方式和业务模式等造成的。虽然，员工层面体现出来的是员工对薪酬不满意，但是，企业应该从整体来看待问题。

员工表现自己对收入的不满意，觉得公司分配不公等，这些反应对很多企业来说很正常，关键问题是企业要分析员工不满意的真实原因。

总体来说，企业可以从企业和员工两个角度对问题进行分析。

■ 从企业角度进行分析

1. 薪酬策略分析

企业薪酬策略以企业战略和企业业务发展需求为导向，企业战略和企业发展方向决定了企业薪酬向什么人倾斜，倾斜的力度有多大，简单来讲，就是公司最需要哪类员工，薪酬就向这类员工倾斜，要保证薪酬具有足够的吸引力和市场竞争力。具体来讲，分析内容包括以下五个方面。

（1）企业的战略发展方向是什么，根据战略所确定的重点业务是什么，具体业务开展模式什么，企业战略是否为公司员工所熟知。

（2）企业业务开展所需要的员工队伍类型和基本素质是什么，目前员工队伍类型、规模、结构、基本素质构成是什么。

（3）公司对核心人员（从类型和层级两个维度）的界定是否清晰，对核心员工是否有明确的管理制度或办法。

（4）从当前员工的总体收入水平上来讲，薪酬在同类行业、相近区域内是否具有一定的竞争力，针对不同类型员工的收入竞争力如何。

（5）公司在薪酬水平的设计上是否有意识地向关键类别、核心层级的员工倾斜，倾斜力度有多大。

2. 管理基础分析

管理基础分析要从企业管理基础的角度进行分析。

根据B企业现状，应该说B企业在薪酬体系方面经过思考，也在管理中有所体现。比如，B 公司有明确的三年计划和五年规划，包括每个阶段的重点任务、达成的主要指标等都有计划。公司组织架构刚开始几年变动比较大，最近这两年基本趋于稳定，在此期间，B 企业系统梳理了每个岗位，包括岗位编制、岗位分析等工作，可以说，B 企业从总体上看管理基础还是比较巩固的。

但是，这里面可能存在两个问题：第一个问题是，战略也好，规划计划也好，薪酬体系在落地的过程中，可能跟预想的有偏差，有些问题属于向员工传递不到位，有些问题是在实际执行过程的控制问题。第二个问题是，B 企业在两年前开始意识到员工能力建设问题，初步界定了能力标准，但是，在员工能力的评判上缺乏一定的工具和客观性，更多的是根据领导的判断或者定性评价。这部分是 B 企业目前缺失的。

管理基础分析的主要内容包括：

（1）企业组织管理基础如何，组织架构和机构设置是否稳定、合理，岗位设置是否合理，岗位编制和定员是否科学，岗位分析工作、岗位等级划分是否清晰明确，在企业实际运营过程中是否发挥重要作用。

（2）企业对员工能力是如何界定和评判的，企业对于员工能力是否有明确要求和相应的管理机制。

（3）企业薪酬管理体系是建立在什么基础之上，企业对员工付薪的基础是什么。

3. 管理功能分析

前面两个方面可以认为是企业薪酬管理体系首先需要明确的两个前提。策略和基础问题了解清楚之后，具体到薪酬管理体系的设计环节，需要仔细分析各项功能设计。从管理机制设计角度，薪酬管理体系基本上概括为体制、结构、标准、分配四个环节。需要分析的内容包括：

（1）目前公司针对不同类型的人员分别采用什么样的薪酬体制，各种不同薪酬体制面向的员工对象是否合理。合理性判断包括与员工类型相匹配、不同薪酬体制下员工的收入水平是否具有可比性，这些对比可以根据市场大多数企业的常规做法来评判。

（2）不同薪酬体制下的薪酬结构都包括什么，各部分薪酬结构之间的比例如何。

（3）从公司内部来讲，采用相同薪酬体制的员工，不同薪酬结构的收入水平是否合理。从与外部市场的比较来讲，员工收入水平的市场竞争力如何。

（4）对于不同类型的薪酬体制，薪酬分配模式是什么。公司对于年度薪酬总额控制的方法和幅度是多少，也就是薪酬总额占到公司年度营业收入的比例是多少。与同行业比较，人工成本所占比例是否偏高。针对公司和员工个体，是否制订了明确的薪酬调整规则。

（5）关于薪酬管理的流程运行是否顺畅，管理过程中的角色定位是否清晰，各级管理者在薪酬管理环节的定位和作用是什么。

■ 从员工角度进行分析

员工对于薪酬直观上的感受很简单，就是收入的高低，但是，这些问题属于表象。大多数员工更多追求的是公平性，比如，我们常说的内部公平、外部公平等。

通常来讲，从员工角度分析的内容主要包括以下几点：

（1）员工对公司的薪酬体系和薪酬管理制度是否熟知，是否熟悉对个人所处岗位的薪酬结构、各部分结构的标准等，对当前各部分薪酬项目和比例是否满意。

（2）从个体感受来讲，员工对自身的薪酬水平、年度收入水平的满意程度如何及相关的原因，与周围同事相比较是否存在不公之处。同外部或者社会收入水平相比，是否感觉存在不公之处。

（3）员工是否了解自身获取实际薪酬的方式和依据，薪酬是否有过调整，调整的规则和依据是什么。

（4）员工对个人未来薪酬调整空间是否熟悉，是否了解自己获得薪酬提升的方式。

（5）对公司薪酬管理体系改进的建议。

除上述内容之外，还有一项重要的分析内容，就是对公司各员工的薪酬标准、薪酬结构和实际额度在对员工分层分类的基础上，进行数据分析，进一步解决薪酬管理问题。

■ 分析方法

内容是纲，方法是器。从具体的分析方法上来讲，不同的对象可以采用定量与定性相结合的综合分析方法。主要包括以下四种方式，如图 2－1 所示。

（1）**深度访谈**。最好采用“一对一”的方式，主要对象是公司人力资源管理部门的主要负责人、薪酬管理职能的主要承担人、公司高层领导，以及各业务的核心员工。这可以通过设计薪酬调研大纲的方式，分别从管理者角度和员工角度，发现公司当前的薪酬管理体系问题。

（2）**问卷调研**。在前面工作有了初步结果之后，可以结合其中发

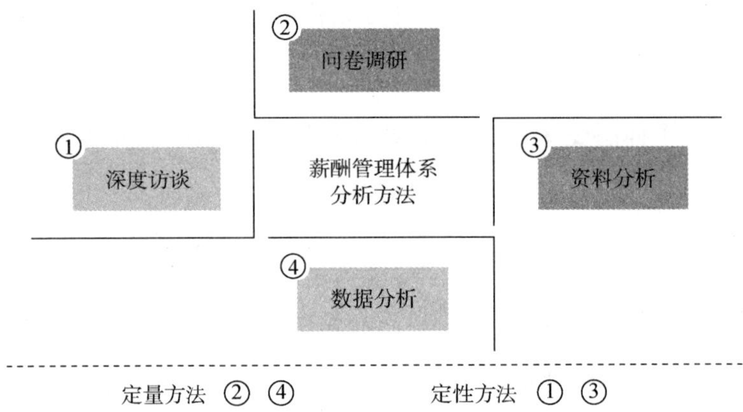

图 2－1 薪酬管理体系分析方法

现的问题，针对公司全体员工或者部分员工设计调研问卷。

（3）**资料分析**。重点对公司现有的相关管理制度，包括战略文本、组织架构、岗位设置、员工花名册、薪酬管理制度等内容进行分析，对公司目前的薪酬管理框架进行诊断。

（4）**数据分析**。对公司现有员工的薪酬数据进行分析。首先还是要对员工岗位分布进行归类，然后分析各部分员工的薪酬结构、比例、标准、水平等，这部分分析是说服力最强的。

一般来讲，上述几种方式在分析过程中往往会同时采用。

第3章 误区三:片面理解"同岗同酬"

——薪酬标准设计

案例：C 企业的“同岗同酬”政策

2013 年初，我与一家具有二十多年历史的国有企业（以下称 C 企业）就薪酬问题进行过交流。C 企业一直坚持的都是“同岗同酬”的原则，只要岗位相同，员工的薪酬结构、标准就是一样的。近年来，员工对这种做法很有意见，认为这很不公平。时间长了，造成现在“人浮于事”的现象。C 企业希望通过一定的方式改变现状，但是“同岗同酬”的概念已经深入公司体系，改变有一定的难度。

C 企业成立已有二十多年，大家已经形成习惯，虽然对现在的工资体制有很大意见，但由于已经适应，又觉得无力改变。在 20 世纪 90 年代末的时候，C 企业“同岗同酬”的工资水平并不低，如果有员工说自己是什么岗，所有的人都知道他的收入是多少。后来，C 企业慢慢开始实行绩效工资制，发一些奖金，员工收入差距才体现出来。

现在的问题是，两类员工对“同岗同酬”的意见很大，一类是新招的大学毕业生，另一类是企业的老员工。那些新入职的员工开始的时候收入并不高，要想晋升，至少需要三年左右的时间，这三年能坚持下来的不多，并且这三年中工资基本没变化。即使有人坚持下来，晋升调岗了，那些老员工又感觉不平衡了。

另外一个现实的薪酬状况是，一岗一薪，同岗同酬，只有微小差异体现在年终奖金上。业绩好、资格老的员工年终奖可能稍多一点。所以一年到头，每位员工的收入基本没有差别。

第 1 节　同酬，指薪酬标准区间相同

“同岗同酬”的说法不能说是错误的。但是需要澄清一个概念，“同酬”并不是指每个人的薪酬完全一样。记得 20 世纪六七十年代的时候，如果你说自己是几级工，不用说工资，大家都知道是多少。那个时期，全国一盘棋，没有市场差异化的概念，工资待遇也没有任何差别。

后来，随着企业市场化改革，用工市场化，薪酬才开始逐渐体现差异。现代企业的薪酬体系大多采用宽带薪酬的形式设计，这种薪酬设计关键要回答两个问题：第一个是如果员工没有晋升，是不是永远拿同样的工资，第二个是，即使员工有晋升，是不是也没有收入差异。

这两种情况显然都是不合理的，所以，**现在所谈的“同岗同酬”，指在岗位相同的情况下，员工的薪酬标准区间是相同的。**举例说明，一位工作了十几年的老技工，学历不一定很高，但技术水平很高，一位刚毕业的技校学生是肯定不能与之相比的。但是，由于他们处于相同的岗位，岗位的基本价值定位是一样的，那么他们的薪酬水平也大体相近。

宽带薪酬体系设计框架是将每个岗位对应的薪酬水平设置在一个等级区间，每个等级内部再细分为若干个档次，等级与等级之间，可以采用重叠或者不重叠的方式。宽带薪酬体系的关键作用是解决员工的薪酬调整问题，包括晋升或下降。

宽带薪酬体系的基本形式由两部分构成——薪等和薪级。定性的宽带薪酬体系形式如表 3 – 1 所示。

表 3－1 宽带薪酬的基本形式

薪等＼薪级	1	2	3	4	5	…
1	1600	2000	2400	3000	3600	…
2	1820	2250	2680	3360	4010	…
3	2040	2500	2960	2720	4420	…
4	2260	2750	3240	4080	4830	…
5	2480	3000	3520	4440	5240	…
6	2700	3250	3800	4800	5650	…
7	2920	3500	4080	5160	6060	…
…	…	…	…	…	…	…

员工A	
岗位	薪级

单位：元

若某岗位对应的薪等为第5等，员工A处在该岗位，则该员工的薪酬区间起点为2480元。根据该员工的任职资格条件，确定该员工所处的薪级，从而确定该员工的薪酬水平

薪等与各岗位等级相对应，代表岗位的薪酬等级区间，这里体现的是“同岗同酬”的概念。薪级是对薪酬区间的细分，每个薪等划分为若干个薪级，是对个体薪酬差异的体现，同时代表了员工薪酬调整的空间。在这种形式下，员工的薪酬调整会有两种基本情况：沿着薪等的纵向调整，在薪等内部沿着薪级的横向调整。

第 2 节　薪酬标准的两个基础：组织基础和员工基础

影响员工薪酬标准确定的要素包括两类：企业组织要素和员工个体要素。其中，企业组织要素主要是员工岗位和岗位的价值等因素。员工个体要素则是员工的个人能力、态度、业绩等有关要素。如图 3－1 所示。

还以 C 企业为例，如果一位刚毕业的学生和一位老职工同处相同岗位，假设这个岗位的月工资标准是 3000～5000 元，这两名员工的薪

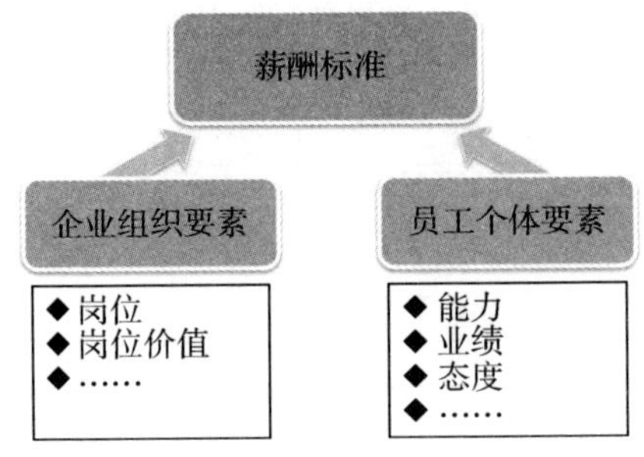

图 3－1　影响员工薪酬标准的因素

酬区间是相同的。但是，由于他们的能力不同，新毕业学生可能月度工资标准是 3000 元，有经验的老职工可能是 5000 元。

关于员工能力差异的判断有多种方式和维度，可以用基本条件作为评价维度，比如，学历、工作经验、所获成果、职称、执业资格等，然后用能力管理系统来评价，比如，员工能力测评和知识技能考试，还可以用绩效来进行评价。具体评价的手段和方式依赖于企业人力资源管理系统可支撑的资源有多少，这些评价方式一般综合运用。

前面所阐述的是在确定员工薪酬标准时，可能会由于个人能力不同，导致个体标准收入存在差异。个体实际收入需要在实际分配过程中，通过对当期的实际工作情况进行评判后再确定。此外，这种思路具有普适性，在实际运用过程中要考虑工种。有些工种以专业能力为导向，比如 IT 企业中从事专项开发的技术人员，评判这些人员薪酬的依据应当以能力为主。

在具体设计和推行过程中，要考虑企业的资源条件是否能够起到支撑作用，只是目前国内大多数企业都不具备足够的资源条件。比较简化的做法是，可以把基本条件作为确定员工初始薪级的依据，用绩效因素作为未来调整薪酬的依据。

有个需要考虑的问题是，如果把能力要素纳入进来，会不会使薪酬管理变得复杂？答案是肯定的，给企业增加了一项工作，肯定会增加管理复杂度。但关键是要看产出的效果，如果这样做能够让企业员工觉得更公平，提高员工工作积极性，何乐而不为？实施的关键，还要结合企业的实际，比如，资源条件、现在的管理基础等。

■ 企业组织基础

2008 年下半年开始，移动互联网行业在国内开始兴起。L 公司是国内互联网行业首批创业型企业。同大多数高科技创业型公司相似，L 公司创立之初也仅由几个合伙人共同完成项目创意、设计和开发，在 2010 年初，产品开发完成并推向市场。经过两个月的运作，市场反应情况良好，至 2010 年底，L 公司已经具备 800 万用户的规模，并且成功引入第一轮风险投资。此时，L 公司员工规模已有近 20 人。

L 公司立志成为国内移动互联网行业中的领头企业。随着业务的开展和公司规模的扩大，L 公司高层逐步意识到公司正处于由生存期向快速发展期过渡的阶段，企业必须要实现由“重业务”向“重管理”的逐步转变，必须要夯实公司的管理基础。

从技术研发规范和流程上来看，L 公司制度相对比较完善，但是，从公司管理上来讲，很多欠缺。L 公司目前只有三个部门：综合管理部、技术开发中心和营销部，具体薪酬没有细化到岗位，给员工付酬主要是通过“谈判”、“凭感觉”的方式，并没有充分考虑岗位相互之间的价值差异。另外，在三年多的运营时间内，L 公司也流失了一些比较核心的员工，不完全是由于薪资待遇的问题，而是由于公司无法提供给员工所需要的发展空间，与员工的发展方向不一致。

近年来，全球移动互联网行业发展非常快。在这个行业里面，有两点是最重要的：一个是创意，这个行业要求的就是企业创意，创意对用户具有足够的吸引力，给公司提供更多发展空间。另一个是人才，移动互联网行业归根结底还是信息技术产业，主要靠人才。只要把这两个问题解决了，其他的都好办。

L公司总体上来讲还是一家小公司，20人左右，但是，麻雀虽小，五脏俱全。L公司现在的问题是，开展工作的方式主要还是人为的方式，对大多数员工，企业没有给他们一个明确的定位。员工招聘进来时，基本上都是通过谈判沟通。

目前，IT行业相对比较成熟，行业内的收入水平也比较容易了解。但是，从公司未来规范化管理角度上看，L公司需要制订公司的薪酬标准体系。另外，2009年招聘进来的几位员工，有些相当不错，但是，在2010年就离职了，很可惜。其实，这些离职员工对这个行业都非常有信心，但是感觉L公司并不是一家规范的公司，在公司找不到自己明确的定位。他们提到的这些离职原因让企业收获颇多。虽然大多数人对公司未来业务发展的前景都非常看好，且企业也希望通过这种愿景能让员工与企业一同成长，但是事实上很难办到。

L公司所谈到的问题，在很多企业中比较普遍。在创立之初没有大资源支撑的情况下，大部分公司往往采用小作坊式的运作模式，主要靠人而不是管理，所以这个阶段的企业管理是不规范的。但是，一旦企业达到一定的规模，积累到一定资源之后，再按照这种方式运作就必然会遇到很多问题，所以，公司就需要着手练“内功”。

通过对 L 公司的管理现状分析，发现两个问题。首先，L 公司没有建立起合理的组织架构和岗位设置，造成员工的工作缺乏依据，合理的组织架构是企业管理的基础。其次，员工缺少一种发展导向，感觉没有发展方向。通常来讲，企业规范管理的第一步是从组织设计角度切入进去的，在此基础上规范和明确员工的职业发展空间。

薪酬管理的重要基础之一是企业组织基础。所谓的企业组织，就是我们通常所说的组织架构、组织机构和岗位设置，以及与之相配套的管控方式、标准、流程、制度等。

在薪酬管理体系设计中，企业组织基础主要指的是“岗位”基础。岗位是企业管理的最小组织单元，每位企业员工都对应一个岗位。要想确定“人”的薪酬水平，首先必须要确定“岗位”的薪酬水平。

与薪酬相关的组织要素主要包括岗位分类和岗位分析。

1. 岗位分类的作用

简单来讲，岗位分类是按照岗位的业务性质进行的类别划分。一般来讲，是将业务性质相同或者相似的岗位进行归类，常见的岗位分类概念包括职系、职类职种、岗位族等。

（1）**职系**是指专业序列，根据不同业务对员工任职条件的不同划分而成。每一个职系下面还可以进一步细分“亚职系”。

（2）**职类职种**的概念与职系类似。职类是根据业务差异、工作性质不同划分而成的大的业务类别。职种是指在职类的基础上，根据具体业务类别的要求，将同类岗位合并，因为这些岗位对员工知识、技能、经验等方面的要求相同或相似。某些职种中的业务类别、对人员的要求虽然大部分相似，但是仍存在明显差异，则可以进一步细分为亚职种。

（3）**岗位族**的概念与职系、职类职种（亚职种）类似，是通过将工作性质、工作要求相同或相似的岗位进行合并而成。

不管上述概念在叫法上有什么差异，只要把握一个关键词——业务差异就可以，只要从事的业务具有明显的差异，就需要细分为不同的岗位类别。以L公司为例，在公司人力资源队伍中，最重要的是技术研发人员，因此，可以将技术研发统一划分为技术类或者研发类。在技术类别当中，还可以根据专业差异度进一步细分，比如，程序开发、系统运行等子类别。此外，主要为公司主业务运行提供职能支撑的职能类岗位，属于非主营业务价值链中的业务类别，市场类岗位可以划分到市场营销的员工类别。

为什么要进行岗位分类？在传统的人事管理中，没有明确的岗位分类概念。传统人事管理强调的是“对事不对人”，以岗位为对象。从现代人力资源管理理念上来看，由于企业专业分工越来越明确，员工对职业生涯发展需求越来越强烈。岗位分类已经成为人力资源管理的重要前提之一，应用非常广泛，例如，应用于员工职业生涯发展、员工培训计划设计、员工招聘与调配等管理职能。

岗位分类研究的主要目的，是为员工开辟专业化发展通道，有效拓宽员工职业生涯发展路径。员工职业生涯发展是对员工最重要的激励手段之一，也是培养专业化人才、复合型人才的必由之路。

不同类别的岗位业务存在明显差异，业务差异影响企业薪酬策略。在这种业务差异基础上，岗位分类至少在三个方面对薪酬设计产生重要影响：

（1）薪酬结构与比例。不同业务类别的岗位薪酬结构有所区别。例如，以销售为主要业务的岗位，薪酬结构中主要以业绩工资（奖金、业绩提成等形式）为主。职能管理类岗位主要以岗位工资和绩效工资为主。

例如，某企业根据业务特点划分为 4 种岗位类别，各类别的薪酬结构可以划分为以下结构，如表 3－2 所示。

表 3－2　薪酬结构与比例

	固定薪酬		浮动薪酬				
	基本工资	岗位工资	津贴	绩效工资	年度奖金	业绩提成	项目奖金
经营类	√	√	√		√		
职能类	√	√	√	√	√		
市场类	√	√	√			√	
研发类	√	√	√	√	√		√

（2）**薪酬标准**。不同业务类别的薪酬标准有所区别，即使岗位等级相同，薪酬标准也可能不同。岗位等级可以通过岗位价值评估的方式来进行。

（3）**薪酬体制**。比较常见的薪酬体制包括岗薪制、能力工资制、计量工资制、年薪制等。例如，对高管，企业多以年薪为主，对生产制造类岗位多以计时或者计件为主，对技术类、职能类岗位，多以能力工资制或者岗薪制为主。

2. 岗位分类的方法

一般来讲，岗位分类需考虑两个因素：业务差异性和要求趋同性。所谓业务差异性，是指不同岗位的工作领域、工作内容、工作性质之间是否存在明显差异。如果差异非常明显，则划分为不同的岗位类别。所谓要求趋同性，是指对任职者在知识、技能、经验等方面的要求是否相同或相似，若相同或相似，则划分为相同的岗位类别。其中，业务差异性是划分的主要依据，要求趋同性是辅助依据。

以L公司为例，可以划分为经营管理类、职能管理类、市场类、技术类和服务类，如图3-2所示。

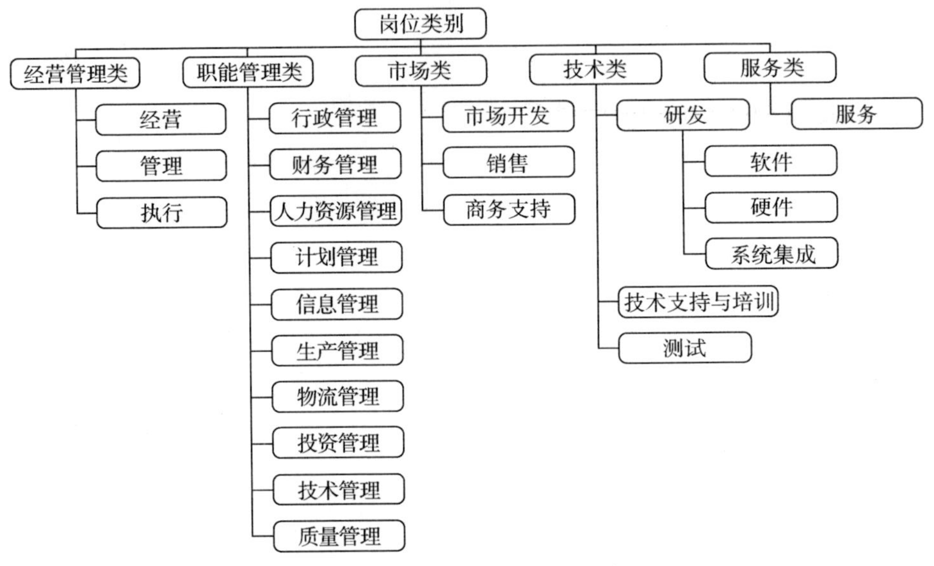

图3-2　L公司岗位分类图

一般情况下，企业的岗位类别可以划分为以下七类：

(1) 经营管理类：主要包括企业中高层管理类岗位，例如，企业总经理、副总经理、总监、一级部门负责人、分公司负责人等岗位。

(2) 职能管理类：主要包括企业职能类岗位，例如，人力资源、财务、行政文秘等岗位。

(3) 市场类：主要包括营销策划、销售、商务等岗位，例如，销售代表、商务代表、策划专员等。

(4) 技术（研发）类：主要针对具有研究、开发业务的企业，例如，IT类企业、研产销一体化企业等。

(5) 生产类：通常针对生产加工类企业，例如，生产车间的作业手、工人岗位等。

（6）服务类：主要指对企业运营和管理提供后台支持的岗位，例如，后勤、厨师、医护等岗位。

（7）其他类：主要指企业非主营业务中的辅助类岗位。

对于绝大多数企业而言，经营管理和职能管理属于必备的岗位类别。

3. 岗位分析

在明确岗位和岗位分类的基础上，进行岗位分析。从结果上来讲，最常见的形式是岗位说明书。典型的岗位说明书如表3－3所示。

表3－3　岗位说明书

<table>
<tr><th colspan="4">一、岗位基本信息</th></tr>
<tr><td>岗位名称</td><td>培训管理</td><td>岗位编号</td><td>ZH－2－003</td></tr>
<tr><td>所在部门</td><td>人力资源部</td><td>岗位编制</td><td>1</td></tr>
<tr><td>直接上级</td><td>人力资源部经理</td><td>岗位等级</td><td></td></tr>
<tr><td>直接下属数量</td><td>0</td><td>间接下属数量</td><td>0</td></tr>
<tr><th colspan="4">二、岗位目的</th></tr>
<tr><td colspan="4">为了建立科学合理的人力资源管理体系，公司根据公司战略发展规划，建立健全企业培训管理体系，通过员工系统、专业培训，提升员工履行岗位职责的能力，促进员工职业生涯的发展</td></tr>
<tr><th colspan="4">三、组织关系图</th></tr>
<tr><td colspan="4">人力资源部经理
人力资源部副经理（分管劳动关系、薪酬、保险、员工绩效）
调配与劳动关系管理　培训管理　管理人员任用与考核管理　薪酬管理　社会保险与员工福利管理　员工绩效考核管理</td></tr>
<tr><th colspan="4">四、工作联系</th></tr>
<tr><td>联系对象（部门或单位）</td><td>联系对象</td><td>联系内容</td><td>联系频次</td></tr>
</table>

续表

内部	部门1	公司总部各个部门	培训与专业技术职务评聘事宜	频繁
	部门2	二级单位人力资源部	培训、专业技术职务评聘与技能鉴定事宜	频繁
外部	单位1	委办局相关业务主管部门	政策执行及相关业务审核、审批	频繁
	单位2	外部讲师	培训	频繁
五、职责与工作任务				
职责一	**职责表述**	**负责构建企业培训开发体系，建立和完善集团公司总部与各分公司培训与技能鉴定相关管理制度**	**责任角色**	**绩效标准**
	工作任务	根据企业发展战略及人力资源规划，建立分层分类的企业培训开发管理体系	负责	体系完备，适应企业发展需要
		依据国家法律法规、政策和集团公司发展战略与人力资源规划，建立健全集团公司培训、专业技术职务评聘与技能鉴定管理制度	负责	制度制定完备、有效，便于执行，操作明确
		对规章制度的贯彻执行情况进行指导、检查、监督及考核	负责	政策、制度把握明确，指导检查到位，贯彻执行有效
		负责收集培训管理体系方面的意见和建议，并及时修订，不断完善，确保各项管理制度的时效性	负责	制度完备、有效，便于执行，操作明确
职责二	**职责表述**	**编制集团公司培训发展规划，拟定年度培训计划和经费预算计划，并组织年度培训方案的实施**	**责任角色**	**绩效标准**
	工作任务	根据人力资源规划，编制集团公司培训教育规划	负责	方案符合实际，科学适用
		审核、汇总所属各单位培训需求计划与经费预算计划	负责	审核标准统一、准确，符合制度要求
		根据培训需求，编制年度培训计划和经费预算计划	负责	计划具有针对性、时效性，预算适度
		指导所属各单位制定多层次培训计划，对计划和经费执行情况进行指导、监督、检查与考核	负责	执行、监督到位，确保计划的严肃性
		对培训效果进行后评价，确保培训针对性、实效性	负责	评价客观、有效
		合理安排、开发培训资源，完善培训师资队伍，并组织教材的选取或开发	指导、组织	组织有序，协调到位

续表

职责二	工作任务	完成员工培训相关报表的统计、汇总、上报工作，建立健全相关台帐	负责	报表规范、准确
职责三	职责表述	**负责职业技能等级鉴定，完善技能人才队伍结构**	**责任角色**	**绩效标准**
	工作任务	根据集团公司技能人才需求和队伍现状构成分析，定期开展职业技能等级鉴定工作，拟定职业技能鉴定工作计划和实施方案，组织实施职业技能鉴定工作，办理相关审核、报批和备案工作	负责	计划全面，满足实际需要
		组织开展职工技能培训	负责	技能培训针对性，有效性
		拟定技师评审工作方案，组织实施技师申报、评审工作	负责	方案合理,可操作性强,评价标准合理
		组织职业技能竞赛、劳动技能勋章、劳动技术能手的推荐、申报工作	负责	组织有序
		完成职业技能鉴定等相关报表的统计、汇总、上报工作，建立健全相关台帐	负责	报表规范、准确
职责四	职责表述	**负责集团公司专业技术人员继续教育、专业技术职务任职资格（政工职称）、职（执）业资格考试与评聘等工作**	**责任角色**	**绩效标准**
	工作任务	定期组织政治思想工作专业职务评审	负责	政策执行到位，组织有序
		组织开展专业技术人员继续教育，提升岗位任职能力	负责	及时、有效
		负责专业技术人员任职资格评聘备案工作	负责	及时、准确
		完成专业技术职务评聘等相关报表的统计、汇总、上报工作，建立健全相关台帐	负责	报表规范、准确
职责五	职责表述	**负责专业技术人员和技能人才队伍建设工作**	**责任角色**	**绩效标准**
	工作任务	定期组织技能人才队伍调研与分析，建立技能人才库	负责	分析客观、准确，更新及时，具有建设性与时效性
		定期组织专业技术人才队伍调研与分析，建立专业技术人才库	负责	人才库更新及时，具有建设性和时效性

续表

<table>
<tr><td>职责六</td><td>职责表述</td><td>配合人力资源信息系统的运行维护工作，及时将分管业务范围内数据信息采集、录入信息系统</td><td>负责</td><td>及时、准确录入</td></tr>
<tr><td>职责七</td><td>职责表述</td><td>完成领导交办的其他临时性工作</td><td>执行</td><td>及时、有效完成</td></tr>
<tr><td colspan="5">六、主要权限</td></tr>
<tr><td colspan="5">1. 完善培训与技能等级鉴定管理制度建议权</td></tr>
<tr><td colspan="5">2. 对集团培训与技能等级鉴定合理性建议权</td></tr>
<tr><td colspan="5">3. 对本部门工作建议权</td></tr>
<tr><td colspan="5">七、任职资格</td></tr>
<tr><td colspan="2">学历要求</td><td colspan="3">本科及以上（或相当学历）</td></tr>
<tr><td colspan="2">适合专业</td><td colspan="3">管理、经济专业</td></tr>
<tr><td colspan="2">工作经验
（专业、管理经验）</td><td colspan="3">（1）3 年以上大型集团化公司集团总部人力资源相关工作经验
（2）2 年以上大型集团化公司集团总部教育与培训管理经验</td></tr>
<tr><td colspan="2">专业资质</td><td colspan="3">人力资源管理师</td></tr>
<tr><td colspan="2">知识技能</td><td colspan="3">（1）熟悉人力资源管理教育与培训管理知识
（2）熟知现行的培训市场状况与师资状况
（3）了解行业生产和经营管理的特点和专业知识
（4）熟练使用计算机及 Word、Excel、PowerPoint 软件
（5）具有一定语言表达能力和一定文字功底
（6）熟悉《劳动合同法》及相关法律法规</td></tr>
<tr><td colspan="2">行为素质</td><td colspan="3">（1）具有优秀的执行力
（2）具有较强的组织协调能力
（3）具有清晰的逻辑思维
（4）为人公正，立场客观
（5）具有优秀的学习创新能力</td></tr>
<tr><td colspan="5">八、其他</td></tr>
<tr><td colspan="2">所需制度规范</td><td colspan="3">《劳动合同法》、《公司人力资源战略与规划》、公司人力资源相关管理规章制度</td></tr>
<tr><td colspan="2">常用工具设备</td><td colspan="3">计算机、打印机</td></tr>
<tr><td colspan="5">审核记录</td></tr>
<tr><td colspan="2">岗位确认：
日期：</td><td colspan="2">直接上级确认：
日期：</td><td>人力资源确认
日期：</td></tr>
</table>

在岗位说明书中，组织关系、主要职责和任职条件要求三项内容最为关键。按照传统理论，岗位说明书主要通过“工作分析”的手段来完成。

工作分析的主要目的是明确分工，实现各司其职、提升效率的目的。现代企业中，通过工作分析手段获得的比较常见和直接的成果包括部门职责说明、岗位说明书、工作标准、作业标准等。

比较典型的是基于“科学管理”思想的工作分析。美国人弗雷德里克·温斯洛·泰勒在 20 世纪初对组织的管理进行了一系列的研究。当时由于老板不知一个工人一天能干多少活，工人出于各种原因经常“磨洋工”，劳动生产率非常低下。为了挖掘工人的潜力，提高劳动生产率，弗雷德里克·温斯洛·泰勒通过科学的观察、记录、分析，致力于“时间动作研究”，探讨提高劳动生产率的最佳方法，制定出合理的日工作量。所谓时间动作研究，就是将工作分成若干部分并分别进行计时。通过分析，对各种活动的时间及顺序进行重新规划，达到提高生产率的目的。弗雷德里克·温斯洛·泰勒在 1903 年出版的《商店管理》一书中详细地描述了由于把工作分成若干个部分并进行记时而提高了劳动生产率的事实。1911 年他又出版了《科学管理原理》一书。在该书中，他宣称要对组织进行科学的管理，就必须对组织中的每一份工作进行研究，从而科学地选拔、培训工人。弗雷德里克·温斯洛·泰勒的研究被认为是科学工作分析的起始。

早期的工作分析侧重于对职务信息的定性描述。随着工作分析在企业管理中的广泛应用，工作分析的内容主要包括三个维度：做什么和怎么做，要求什么条件的人来做，如何协作。“做什么、怎么做”是从业务开展角度分析工作开展目标、行动、成果要求等。在岗位说明书中，主要体现为职责、权限、评价标准等。要求什么条件的人来做是将工作要求与任职者结合起来，从知识、技能、经验、素质等方面，提出能够胜任本项工作（或本岗位）的基本要求。在岗位说明书中，主要体现为“任职资格”。如何协作更多是从该项工作在整个业务流程中所处的环节角度出发，研究与上下游节点之间的关系。在岗位说明书中，更多是从组织角度，明确岗位上下前后的衔接岗位及相互之间的责权关系。

工作分析目前在人力资源管理中的应用越来越广泛，包括人员招聘与选拔、绩效考核、职业晋升、培训开发、薪酬分配与调整等。简单来讲，工作分析成果是各项人力资源管理职能最直接的基础。

另外，工作分析的本质是对业务的“标准化”和“明确化”，其核心出发点仍在于对于公司业务的详尽描述和说明。在现代企业管理过程中，可以通过“岗位说明书”或者“工作标准”的形式体现。关于工作分析的方法有很多，比如观察、访谈、问卷等形式。不管如何操作，在最终形成的成果中，至少要体现出三个关键内容：岗位的组织关系、主要权责和对上岗人员的任职条件要求。

■ 员工个体基础

现在越来越多的企业把“以人为本”作为人力资源管理的核心理念，换句话说，企业越来越注重员工个人能力在薪酬分配中的作用。但是落实到薪酬体系设计中，对人的能力基础体现的往往并不明显。根据以往我的经验，主要原因有两个方面：一方面是企业没有真正把“以人文本”的口号落到实处，而只是把“和谐”作为对“以人为本”的解读，侧重于营造企业和谐气氛；另一方面是企业没有找到岗位与个人能力之间的结合点。

在企业中，员工往往因为个体上的差异，造成其在薪酬标准、分配形式、调整方式等方面与其他员工的不同。当然这种差异可以体现在岗位上，但是岗位编制一般是确定的，而且绝大多数企业岗位编制分布都呈“金字塔”型。员工个体能力再强，没有合适的岗位晋升，薪酬水平也上不去。举例来讲，五个人都达到做高管的标准，编制只有一个，这就注定只能有一个能上，另外四个上不去，如果单纯地以岗位作为评价薪酬的依据，势必会影响部分员工的工作动力，这种情况非常普遍。在这种情况下，“人”的因素就格外重要。

一般来讲，“人”的基础是指考虑员工个体“能力”上的差异，建立员工能力系统和基于能力的职业生涯发展系统。**员工除了沿着岗位条线晋升之外，还可以沿着能力条线晋升，不一定当“领导”，但可以以“专家”角色在企业中发挥作用。**

现代企业的“人才”包括具备专业技能的专家型人才、具有多项专业技能的复合型专家人才、具有专业技能和管理技能的综合型管理人才等。当员工达到一定的能力水平，必须要给予一定的“位置”或“荣誉”，并配之以相应的待遇，作为对其价值的直接体现。

“人”的能力主要包括两个方面：显性能力和隐性能力。“冰山模型”对此有比较直观的阐述。所谓显性能力，是指可以通过培养、培训等手段，帮助人后天获取的能力，包括知识、技能、经验等。所谓隐性能力，指人先天具备的能力，例如责任心、成就动机、敏感性等，理论上讲是无法通过后天培养获取的。当然，随着各种管理手段的发展，有部分隐性能力在一定程度上也可以通过培养开发使之有所提升。从人力资源管理角度来看，一般显性能力是指“任职资格”，隐性能力是指

"素质"。

"人"的基础在薪酬管理设计中有两个方面的应用：一方面是指处于同岗（或相同级别）的员工，根据个体能力差异，在具体的薪酬水平上有所区别。此方面应用为"直接应用"，而且往往是"有差异，但是差异并不是那么明显"。另一方面是指对于能力突出的员工形成基于能力的职业晋升，在薪酬体系设计中的应用为"间接应用"。

■ 两个基础的三种应用方式

人的基础往往与岗位基础没有严格的界限，不同岗位类别的员工侧重点不同。例如，就L公司而言，对于技术类员工，能力会比岗位更重要一些，以员工能力区分技术类员工等级相对更好。而对于管理类、经营类员工，往往通过岗位区分员工等级。

换句话讲，具体以什么作为定薪的基础，跟具体的工种有关。但是如果将两个基础混到一起运用，会不会管理和操作起来比较麻烦？这个与具体应用方式有关。企业薪酬体系设计建立在哪种基础之上，与企业的人才导向和业务开展方式有关。通常来讲，有以下三种应用方式。

1. 岗位为主，能力为辅

这是目前在中国大多数企业中比较现实的应用方式。这种应用方式的假设前提是岗位仍然是企业从事业务开展的基本单元，是付薪的核心基础，在其岗，谋其政。能力因素作为在岗位薪酬区间范围内调节员工个体薪酬差异的依据。例如，某岗位的薪酬区间是4000～5000元，200元一个档。两位员工在其他条件相同的情况下，工龄较长的员工所处的档位较高。

此种应用的指导思想是以“事”为核心，首先明确各个岗位的职责和业绩评价标准，根据岗位胜任情况作为付薪的基本依据。在岗位区间范围内，根据员工个体在能力上的差异进行微调。此种应用方式的前提是，明确岗位，完善岗位分析和业绩评价系统，不需要完整的能力管理系统。一般来讲，仅需明确对员工能力进行相对比较简化、显性的评判要素和标准即可。

此种方式的弊端在于，由于岗位的限制，即使某员工的能力再强，如果没有机会接触到更高岗位工作的挑战，对员工个人职业生涯发展是不利的，而且很可能会对员工个人形成消极的压力，限制员工更高能力的发挥。

2. 岗位与能力并行

对于以技术（研发）为核心，或者专家型人才在企业中占据非常重要地位的企业比较适用。这种应用方式假设企业需要更多在某些专业领域具有领军作用的人才，对于这些人才应当给予更高的待遇。同时强调岗位的重要性，尤其是中高层管理者岗位。举例来讲，某技术研究院，首席专家的待遇可以与副院长处于同等薪酬区间。从另外一个方面来讲，此种应用方式也体现了企业人才培养与使用的导向。

通常情况下，此种方式需要建立在“能力管理系统”的基础上，需要针对主要专业领域，明确基于能力的员工职业生涯发展通道，以及员工在各个通道节点所需要具备的能力标准。据此形成基于能力和基于岗位的两种不同发展空间，并形成二者之间的对应关系。

此种应用方式，除了突出“能力”的重要性之外，必须建立与“事”之间的关系。例如，单纯从能力角度，员工可以成为公司的首席专家、领军人才等，但是，同时必须赋予其相应的责任，把工作做好。

3. 能力为主，岗位为辅

此种应用方式目前并不广泛，**针对主营业务专业相对单一，并且技术含量高的企业有一定的适用性。**例如，某家企业的主要业务是软件开发，市场、销售等业务涉足较少，管理职能相对简单。针对软件开发专业，即可建立基于能力的薪酬管理体系。

此种应用方式，仍需要建立与“事”之间的对应关系，并将工作结果作为对员工能力评价的重要因素。

以L企业为例，目前仍以岗位为主。对于开发人员，有点按“能力”要求划分的意味，纯开发人员分为初级开发工程师、开发工程师、高级开发工程师、资深开发工程师。对于这部分人员有比较明确的任职资格要求，对其薪酬主要根据能力等级和业绩来考量。

在企业考虑建立薪酬体系基础的时候，如果岗位和能力都作为依据，需要注意两个基本问题。首先，不同的管理基础适用于不同类型的员工。目前绝大多数企业都是以岗位为基础的，岗位基础具有通用性，而“能力”的概念已经被越来越多的企业引入到人力资源管理中。其次，对于将两种基础都纳入定薪依据的情况，要分清楚二者的主次，建立好二者之间的平衡关系。

第3节　薪酬标准设计影响三要素

现代绝大多数企业的薪酬标准均采取“宽带”形式（如图3－3所示），一方面解决同岗任职人员的个体薪酬差异问题，另一方面解决员工个体的薪酬晋升空间问题。依据重叠幅度不同，又可以细分为三种不同情况，如图 3－4 所示。

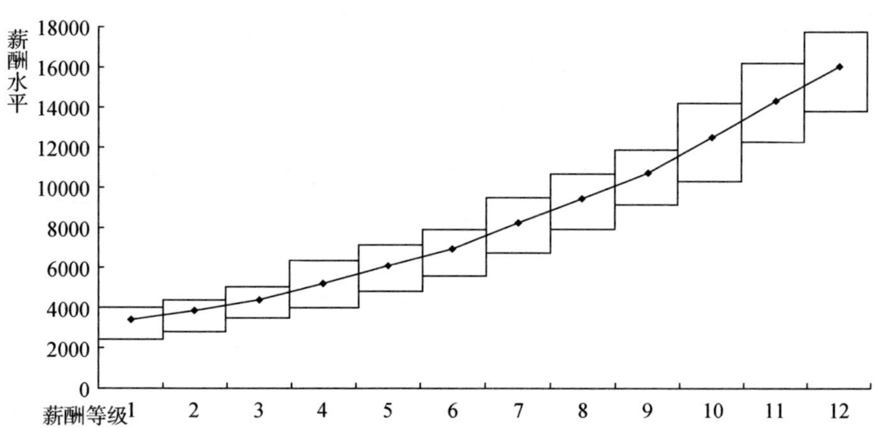

图 3－3 "宽带"式薪酬标准

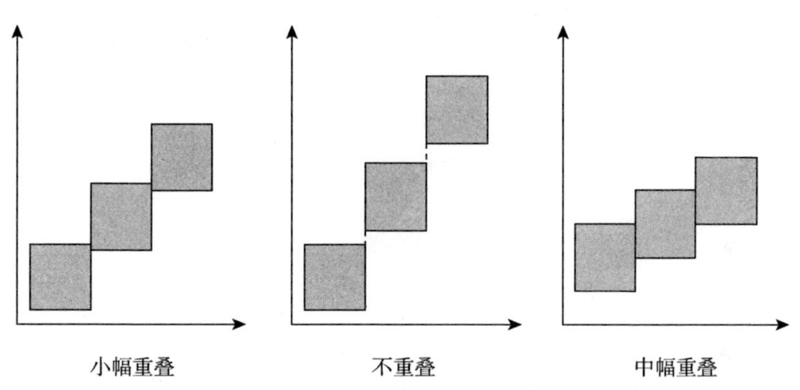

图 3－4 三种重叠式的宽带薪酬方式

采取重叠式的宽带设计形式的假设前提是，即使岗位等级比较低，但是优秀的岗位任职者应当比任职结果较差的较高岗位的员工获取的回报多。具体是否采取重叠式的方式、重叠幅度多少比较合适，依据企业的现实情况和外部环境而定。

薪酬标准设计的基本流程，如图 3－5 所示。

影响企业薪酬标准设计有三个关键要素，如图 3－6 所示。

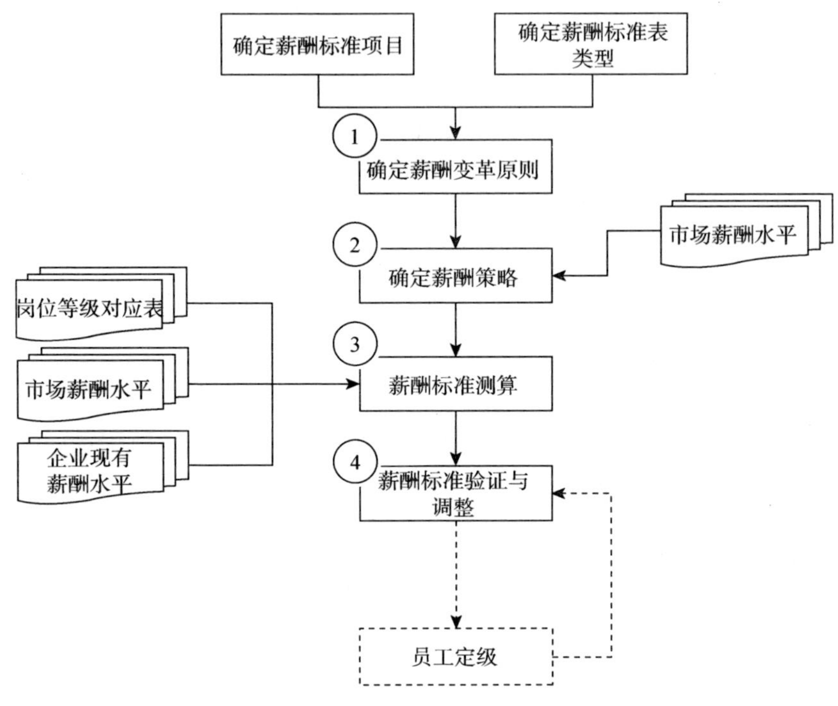

图 3－5　薪酬标准设计的基本流程

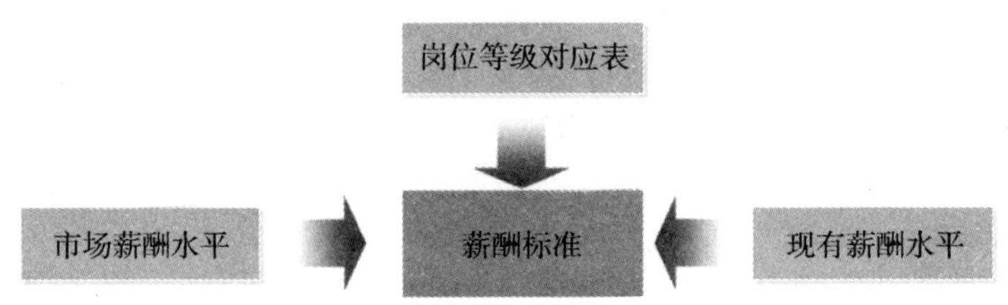

图 3－6　影响企业薪酬标准设计的三个关键要素

■ 关键要素之一：岗位等级对应表

岗位等级对应表是岗位价值评估的输出结果，在薪酬标准设计过程中体现“内部公平性”。在开始薪酬标准测算时，要按照从小到大的顺序，对岗位进行排序并确定相对位置的高低。

关键要素之二：市场薪酬水平

市场薪酬水平体现的是“外部公平性”。在外部薪酬水平应用过程中，需要把握以下五个关键点：

1. 调查对象

在实际调查中，可以对所有岗位进行调查，也可以针对标杆岗位的市场薪酬水平调查，一方面可以帮助企业降低调查成本，另一方面，由于某些岗位的特殊性，在市场中很难获取真实的薪酬数据。

以标杆岗位为例，判断标杆岗位可以遵循以下四个要点（如图 3－7所示）：

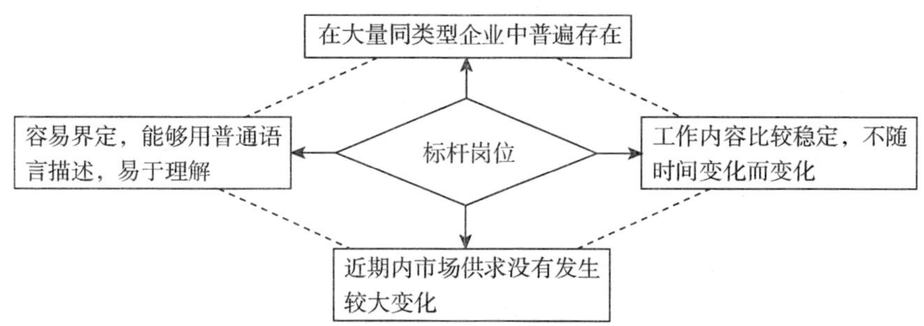

图 3－7　判断标杆岗位遵循的四个要点

（1）在大量同类型企业中普遍存在：这类岗位的薪酬数据相对比较容易获取，市场劳动力价格相对透明。

（2）工作内容比较稳定，不随时间变化而变化：可以直接为企业相同或相似的岗位给予薪酬水平参照。

（3）近期内市场供求没有发生较大变化：供求变化较大会造成劳

动力价格波动，无法为企业提供明确的参考。

（4）容易界定，易于理解：能够用普通语言描述清楚的岗位。

2. 调查范围

调查范围直接影响到调查结果能否与企业的具体情况相匹配。调查范围考虑的因素有以下四点：

（1）相同或相似的区域。

（2）相同或相似的行业。

（3）相同或相似的企业规模。

（4）相同或相似的岗位。

3. 调查内容

调查内容包括以下五种，如图 3－8 所示。

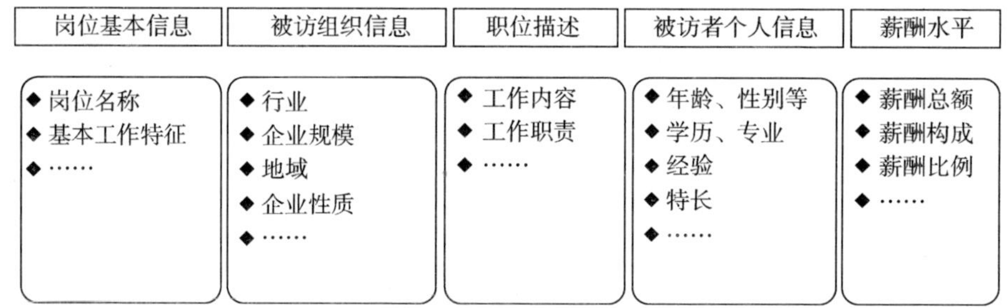

图 3－8　调查内容

（1）岗位基本信息：作为判断被调查岗位是否与企业相同或相似的岗位具有可比性的一项依据。

（2）被访组织信息：考查被访的组织（企业）是否与本企业具有可比性，需要从所属行业、被访企业规模、地域、企业性质等方面进行比较。

（3）岗位描述：与岗位基本信息共同作为判断被调查岗位是否与企业相同或相似岗位具有可比性的依据。

（4）被访者个人信息：被访者的个人情况会影响市场水平的分位线。例如，同样岗位的两个人，一个人工作经验已经有 15 年，另一个人工作经验只有 5 年，那么从经验上来讲二者有一定的差距，这种差距会直接体现在收入上，前者可能位于高分位线的位置，而后者收入的分位线可能较低。

（5）薪酬水平：从薪酬总额、薪酬结构、薪酬比例等方面调查岗位的收入状况。

4. 薪酬数据获取方式

正规的数据获取方式主要有以下三种，如表 3－4 所示。

表 3－4 获取正规数据的三种方式

数据获取渠道	优点	缺点
自主调查	（1）目标明确 （2）针对性强	（1）成本较高 （2）调查技巧与专业性较差 （3）数据准确性较低
委托调查	（1）调查专业性强，数据可信度高 （2）成本相对较低	（1）对与调查公司沟通能力的要求较高 （2）易产生需求变位
购买数据	（1）获取岗位薪酬信息较多 （2）可以同时获取多家企业的综合信息	（1）不一定能够获得完全符合需求的数据 （2）对购买数据的甄选要求较高

从目前国内人力资源市场上来看，提供专业性数据服务的第三方服务机构越来越多，并且数据的全面性、真实性、准确性也较高，可以作为企业获取市场数据的一个重要来源。

5. 薪酬调查结果处理

（1）特定岗位的薪酬水平调查结果处理（如表 3－5 所示）。特定岗位的薪酬调查结果主要为企业制定特定岗位的薪酬水平和薪酬区间提供参照。

表 3－5　特定岗位的薪酬水平调查结果分类　　单位：元

职位	10 分位	20 分位	50 分位	75 分位	90 分位	平均值
财务部经理	11075	14213	17010	23745	25786	18925
招聘经理	17506	18568	19954	21831	22117	19808
薪酬福利经理	12044	15644	23122	25173	25847	20852
培训经理	15277	15577	16864	19824	22800	18029
人力资源经理	11599	13389	18861	22516	22999	18058
财务总监	21864	24989	31814	39977	48725	34265
人力资源总监	16792	18430	29678	37783	38553	28247

（2）所有岗位的薪酬水平调查结果处理（如图 3－9 所示）。

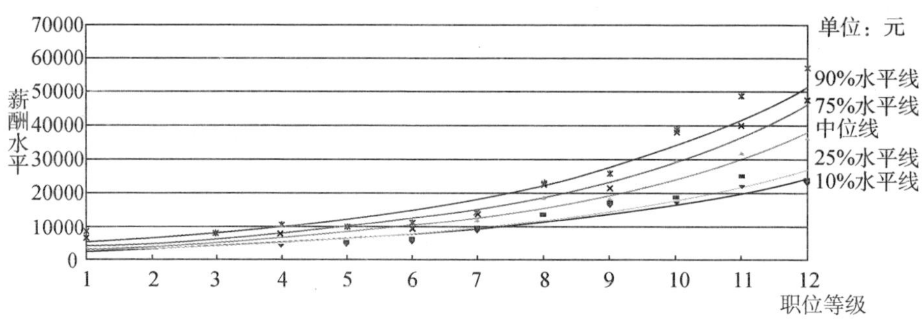

图 3－9　岗位市场薪酬水平线

针对所有（或者大部分）岗位的薪酬调查结果形成市场薪酬水平线。薪酬水平线为企业制定整体薪酬水平、薪酬等级提供重要参照。

关键要素之三：现有薪酬水平

如果企业面临的是薪酬体系改革问题，考虑企业现有的薪酬水平，通常来讲主要遵循“平稳过渡”原则。由于薪酬的刚性特征，员工对于薪酬变动非常敏感。若薪酬变动幅度太大，企业无法承受，降薪的员工也难以接受。为保持企业稳定、员工稳定，现有薪酬水平是薪酬变革需要考虑的重要因素。

企业之所以要对现有薪酬体系进行改革，在薪酬标准中通常面临的问题主要包括以下三个：

（1）规范性问题。企业需要回答的是，针对不同类型、不同单位或部门的员工，是否有统一、规范的薪酬标准体系。而经常触动企业产生变革动机的重要原因之一就是企业缺乏统一的薪酬体制规范，或者缺乏统一的薪酬标准。

（2）公平性问题。薪酬标准是体现薪酬公平性的最重要指标。无论分配方式如何，若员工感觉收入不公，那么一定是标准出了问题。公平性在薪酬标准中主要体现为不同类别人员之间的相对差距是否合理，同类别人员处于不同单位时，收入之间是否具备可比性，企业内部薪酬标准与外部水平相比较是否具有一定的吸引力和竞争力。

（3）调整性问题。员工薪酬标准是否随着外部环境变化、企业经营效益变化而进行动态调整，调整幅度是否能满足员工的心理期望，同时调整额度是否能为企业所承受。

因此，现有薪酬水平往往作为企业设计薪酬标准时的重要参照依据，即既要体现薪酬标准的现实合理性，又要兼顾历史和企业的实际。

■ 薪酬标准表的两种基本形式

最常见的薪酬标准形式通过“薪酬标准表”体现。

目前在企业中应用较广的薪酬体制主要是建立在岗位和能力的基础之上，典型的形式主要有“岗位工资制”、“能力工资制”、“岗位+能力工资制”。其中，“岗位工资制”与“能力工资制”是单一主导因素（岗位等级或者能力等级）影响下的工资体制，薪酬标准表的形式为“薪等+薪级”二维表；“岗位+能力工资制”是由岗位等级和能力等级两个因素共同影响的工资体制，薪酬标准表的形式为“薪等+薪级+能力等级”三维表。

1. 以“岗位”或“能力”为主导的薪酬标准表形式

单一主导因素影响的薪酬体制下，典型的薪酬标准表是由“薪等”和“薪级”两个维度构成的二维表格，如表3-6所示：

表3-6　单一主导因素影响下的薪酬标准表　　单位：元

薪等 薪级	1	2	3	4	5	……	n
1	800	950	1150	1450	1900	……	……
2	840	1020	1230	1550	2050	……	……
……	……	……	……	……	……	……	……

（1）薪等：与岗位等级或者能力等级对应。根据企业岗位等级划分状况，或不同业务类别的能力等级划分状况确定等级，并将每一个等级与薪等相对应。

（2）薪级：每一个薪等均为一个区间，薪级数量表示区间的长度，这个区间决定了员工薪酬调整的范围。

2. “岗位+能力”的薪酬标准表形式

岗位与能力相结合确定的薪酬标准，除了薪等与薪级之外，还有能力等级维度。例如，某企业生产类岗位的薪酬标准表如表3-7所示：

表 3 – 7　某企业生产类岗位的薪酬标准表　　单位：元

能力等级	薪等 / 薪级	1	2	3	4	……	n
初级工	1	400	480	560	660	……	……
	2	440	520	600	700	……	……
	3	480	560	640	740	……	……
	……	……	……	……	……	……	……
中级工	1	640	740	840	940	……	……
	2	680	780	880	980	……	……
	3	720	820	920	1020	……	……
	……	……	……	……	……	……	……
高级技师	1	……	……	……	……	……	……
	2	……	……	……	……	……	……
	3	……	……	……	……	……	……
	……	……	……	……	……	……	……

在表 3 – 7 中，除了根据岗位等级确定薪等与薪级之外，还要考虑到能力等级。在前面的例子中，该企业一线生产工人按照岗位重要性划分为若干个岗位等级。在每一个岗位等级内部，按照能力标准进一步划分为初级工、中级工、高级技师等若干个能力等级。某个岗位的员工，其薪酬水平是由岗位等级和个人能力等级共同决定。

第 4 节　解决之术：薪酬标准设计“4 – 3”法

薪酬标准设计是建立科学、合理的薪酬体系过程中的关键一步，即在当前薪酬水平、薪酬结构的基础上，同时考虑外部水平，通过运算模拟，建立起统一的薪酬分配标准，实现向科学合理薪酬体系的过渡。

薪酬标准设计的基本流程如图3－10所示。

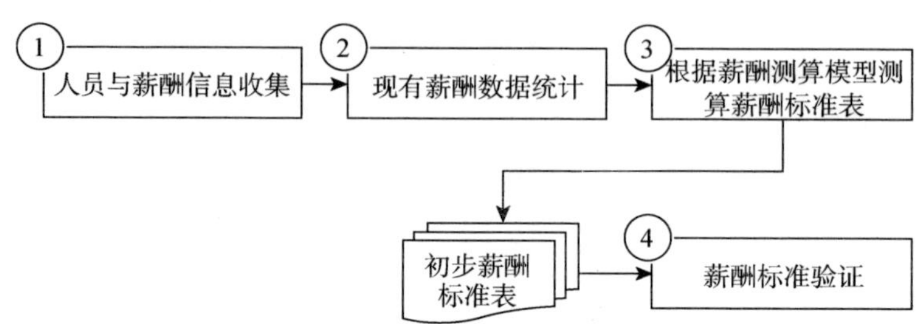

图3－10　薪酬标准设计的基本流程

薪酬标准设计包括四个基本步骤，三种测算模型，简称为"4－3"法。

■ 步骤一：人员与薪酬信息收集

人员与薪酬信息收集主要针对企业已有薪酬管理体系的情况。若企业第一次建立薪酬管理体系，此步骤可以省略。人员与薪酬信息收集表模板如表3－8、表3－9所示。

表3－8　员工信息调查表

编号	员工姓名	所属单位	岗位名称	岗位等级	岗位类别	员工基本信息			现有薪酬信息		工资合计
						学历	工龄	……	岗位工资	……	

表3－9　薪酬项调查表

编号	薪酬项名称	项目定义	发放周期	计算公式	备注

其中，岗位等级来源于“岗位等级对应表”；员工基本信息主要包括员工的学历、毕业院校、专业、年龄、工龄、职称等；现有薪酬数据是指根据企业现有标准确定的员工月度应发工资而不是实发工资。现有薪酬信息中的薪酬项目来源于“薪酬项调查表”，二者一一对应。

步骤二：现有薪酬数据统计

现有薪酬数据统计是将企业薪酬数据和市场数据进行汇总对比，作为薪酬标准测算模型的输入。

薪酬数据统计表如表 3－10 所示。

表 3－10　薪酬数据统计表

岗位编号	岗位名称	现有薪酬水平							市场薪酬水平						
		最大值	90分位	75分位	中位值	25分位	10分位	最小值	最大值	90分位	75分位	中位值	25分位	10分位	最小值

其中，现有薪酬水平是根据员工信息调查表的调查结果汇总得到，市场薪酬水平根据市场调查得到，其中，岗位名称由于叫法不同，因此要根据岗位说明来进行匹配。

步骤三：薪酬标准测算模型

1. 理想化薪酬标准测算模型

(1) 根据企业各个岗位等级现有的薪酬数据和外部市场水平（如

图3－11所示），确定各个层级的最大值和最小值。

$\text{Max} = \text{Max}_{(\text{企业现有所有岗位的薪酬最大值})}$

$\text{Max} = \text{Max}_{(\text{市场所有岗位的薪酬最大值})}$

$\text{Min} = \text{Min}_{(\text{企业现有所有岗位的薪酬最小值})}$

$\text{Min} = \text{Min}_{(\text{市场所有岗位的薪酬最小值})}$

	最小值	最大值
第一等	Min_1	Max_1
第二等	Min_2	Max_2
......	......	......
第n等	Min_n	Max_n

已知

图3－11　现有的薪酬数据

这样做的目的是保证薪酬区间能够涵盖企业所有层级内所有岗位的薪酬范围，同时满足外部市场公平性的要求。

（2）薪酬等级和区间测算。

如图3－12所示，在薪酬标准测算中有两个重要的变量：带宽（请确认是带宽还是宽带）和重叠幅度。带宽表示某一个岗位等级的薪酬区间，在图中用b表示；重叠幅度表示相邻两个岗位等级，薪酬区间有多大比例是重叠的，在图中用a表示：

$$b = (\max_i - \min_i)/\min_i \times 100\% \qquad \text{（公式3－1）}$$

$$a = (\max_1 - \min_2)/(\max_2 - \min_2) \times 100\% \qquad \text{（公式3－2）}$$

第一等：$\text{Min}_1 = \text{Min}_1$，$\text{Max}_1 = \text{Min}_1 \times (1 + \text{b})$

第二等：$\text{Min}_2 = \text{Max}_1/(1 + \text{ab})$，$\text{Max}_2 = \text{Min}_2 \times (1 + \text{b})$

……

第n等：$\text{Min}_n = \text{Max}_{(n-1)}/(1 + \text{ab})$，$\text{Max}_n = \text{Min}_n \times (1 + \text{b})$

由此可以得出：

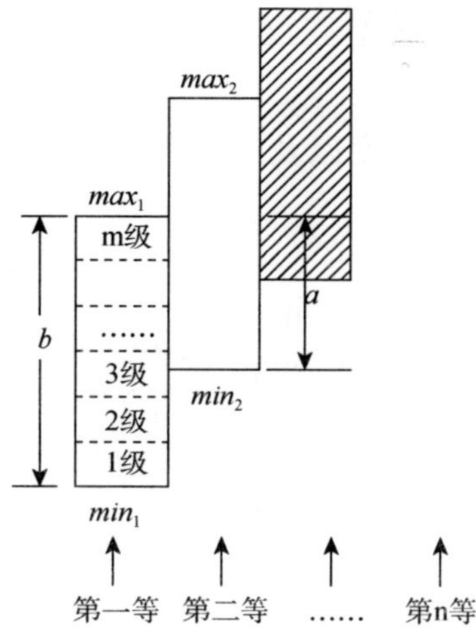

图 3－12　薪酬等级和区间图

$$a=\frac{\max_1-\min_2}{\max_2-\min_2}=\frac{\min_1\times(1+b)-\min_2}{\min_2\times(1+b)-\min_2}=\frac{\min_1}{\min_2}\times\frac{1+b}{b}-\frac{1}{b}$$

$$\frac{\min_1}{\min_2}=\frac{a+\frac{1}{b}}{\frac{1+b}{b}}=\frac{1+ab}{1+b}$$

递推公式：$\min_i=\min_{i-1}\times\frac{1+b}{1+ab}$　　（公式 3－3）

根据递推公式：

$$\max_2=\min_2\times(1+b)=\min_1\times\left(\frac{1+b}{1+ab}\right)\times(1+b)$$

$$\max_3=\min_3\times(1+b)=\min_2\times\left(\frac{1+b}{1+ab}\right)\times(1+b)=\min_1\times\left(\frac{1+b}{1+ab}\right)^2\times(1+b)$$

……

$$\max_n=\min_1\times\left(\frac{1+b}{1+ab}\right)^{n-1}\times(1+b)$$

$$\frac{\max_n}{\min_1} \times \frac{1}{1+b} = \left(\frac{1+b}{1+ab}\right)^{n-1}$$

最终得到带宽、重叠幅度以及岗位等级数量之间的关系，其中 n 为岗位等级：

$$n = 1 + \frac{\ln \frac{\max_n}{\min_1} - \ln(1+b)}{\ln\left(\frac{1+b}{1+ab}\right)} \qquad \text{（公式 3-4）}$$

例如，某企业薪酬等级划分为 20 个等级，确定相邻岗位等级之间的重叠幅度为 50%。通过与市场水平比较，确定企业最低岗位等级的起始薪酬水平为 500 元，整个企业最高水平不能超过 30000 元。则根据公式 1，可以计算出各等级的带宽为 54%，由此可以得到该企业的薪酬标准，具体如表 3－11 所示。

表 3－11　某企业薪酬标准　　单位：元

岗位等级	最小值	最大值
1	500	780
2	600	940
3	730	1140
4	890	1380
5	1080	1670
6	1310	2020
7	1580	2450
8	1920	2970
9	2330	3600
10	2830	4370
11	3430	5300
12	4160	6420
13	5050	7790
14	6120	9440

续表

岗位等级	最小值	最大值
15	7430	11450
16	9010	13880
17	10920	16830
18	13240	20410
19	16060	24740
20	19480	30000

（注：上述结果已经处理，按 10 取整）。

该企业薪酬标准分布图如图 3 – 13 所示。

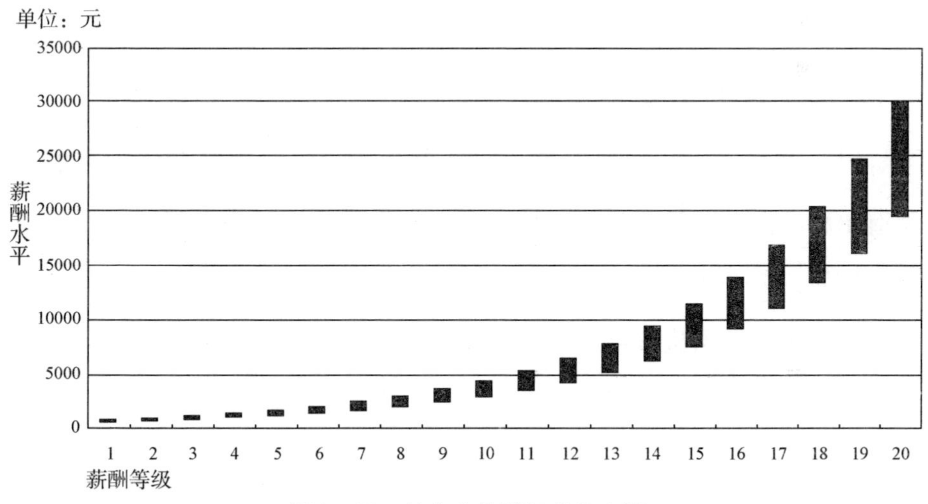

图 3 – 13　某企业薪酬标准分布图

（3）薪酬标准表测算。

确定了薪酬等级的数量、各等级的薪酬区间，在每一个等下应该划分多少个级别，每晋升一个级别薪酬调整幅度有多大，是需要考虑的问题。主要划分依据为以下两点：

◆ 韦伯定律：一般人们对于敏感变化的百分比在 15%。因此，可以考虑每晋升一个级，薪酬水平增加 15% 左右。

◆ 等差分布：根据员工的晋升空间设定等级数量，根据等差分布原则确定每晋升一个等级薪酬调整的幅度。

前面所列举的模型之所以称之为“理想化模型”，是由于该模型只考虑了最大值和最小值，是在重叠幅度、带宽、岗位等级数量三项因素基础上计算得到的企业薪酬标准分布。该模型能够将企业所有的人员现有薪酬水平包容在整个薪酬区间内。对于每个等级薪酬区间的确定，并没有参照市场水平和企业原有水平，也不能够保证每个薪酬区间都科学合理。

通常情况下，根据这种方法计算出来的薪酬标准分布，必须要再次根据市场水平和现有薪酬水平进行验证。

该种测算方法仅适用于采取重叠式等级分布的情况。

2. 基于现状的薪酬标准测算模型

（1）根据岗位等级对应表，统计每个岗位等级现有薪酬水平的最大值和最小值，并用趋势线模拟出最小值和最大值两条曲线。

例如，某企业岗位等级划分为 11 等，根据企业岗位等级对应表，可以统计出每个岗位等级现有的薪酬区间，如表 3－12 所示。

表 3－12　某企业岗位薪酬区间　　单位：元

岗位等级	最小值	最大值
1	440	510
2	480	875
3	574	1450
4	478	2010
5	645	1754
6	621	2345
7	621	2799
8	2657	3978
9	5234	5569
10	5650	9104
11	7630	9124

1～11岗位等级薪酬的最大值和最小值趋势分布曲线如图3－14所示。

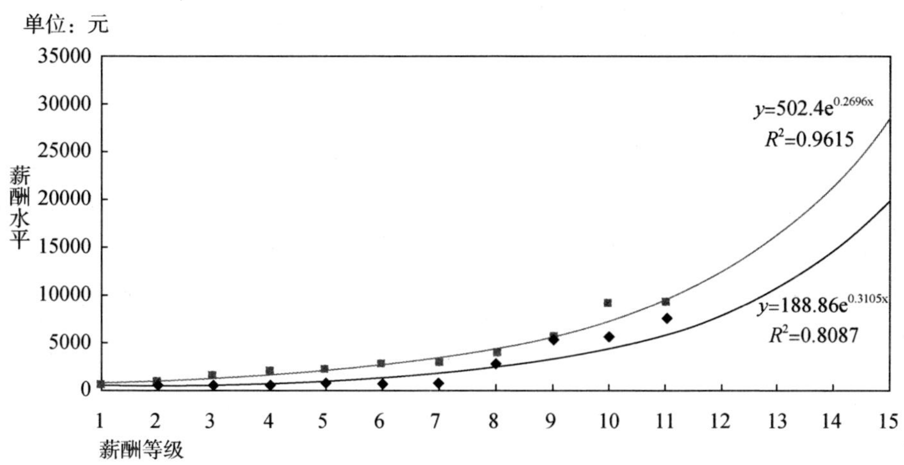

图3－14　最大值和最小值趋势分布曲线图

其中，R^2表示拟合度，拟合度越高，表明曲线对薪酬最大（小）值的拟合度越高。y表示薪酬水平，x为等级，是y函数的自变量。

（2）用趋势分布曲线模拟岗位等级的薪酬区间。

根据趋势分布曲线，模拟出岗位等级薪酬的最小值和最大值，具体如表3－13所示。

表3－13　模拟岗位等级薪酬的最小值和最大值　　单位：元

岗位等级	最小值	最大值
1	258	658
2	351	861
3	479	1128
4	654	1477
5	892	1934
6	1217	2533

续表

岗位等级	最小值	最大值
7	1660	3316
8	2264	4342
9	3089	5686
10	4213	7446
11	5747	9750
12	7840	12767
13	10695	16717
14	14589	21890
15	19901	28664

通过曲线将企业现有薪酬分布进行平滑处理。平滑结果与实际散点分布的吻合度通过 R^2 体现出来。越接近 1 表示拟合度越好，模拟曲线的代表性越强。一般来讲，R^2 在 0.8 以上即可。

（3）将根据趋势线模拟出的最大值与最小值分别浮动一个百分比。

例如，将最小值向下浮动 5%，最大值向上浮动 10%，取整后的结果如表 3－14 所示。

表 3－14　模拟岗位等级薪酬浮动后的最小值和最大值　　单位：元

岗位等级	最小值	最大值
1	245	724
2	334	948
3	455	1241
4	621	1625
5	847	2128
6	1156	2786
7	1577	3648
8	2151	4777
9	2934	6255
10	4003	8190

续表

岗位等级	最小值	最大值
11	5460	10725
12	7448	14043
13	10160	18389
14	13859	24079
15	18906	31530

通过上下浮动一个百分比，在现有企业薪酬水平的基础上，对薪酬区间进行放大，保证能够包容现有所有人员的薪酬水平，并留有涨薪和降薪的空间。

（4）根据调整后的结果测算薪酬标准表，并进行相应处理。

例如，每个岗位等级划分为15个薪级，岗位等级与薪酬等级相对应。根据指数分布曲线，薪酬标准表分布如表3－15所示。

表3－15　薪酬标准表　　单位：元

薪等＼薪级	1	2	3	4	5	6	7	8	9	10	11	12	13	14	15
1	245	264	286	309	334	360	389	421	455	491	531	574	620	670	724
2	334	360	388	417	450	485	522	562	606	653	703	758	816	880	948
3	455	489	526	565	606	651	700	752	808	867	932	1001	1075	1155	1241
4	621	665	713	763	818	876	938	1005	1076	1153	1235	1322	1416	1517	1625
5	847	905	967	1032	1102	1177	1257	1343	1434	1531	1636	1747	1865	1992	2128
6	1156	1231	1311	1396	1486	1583	1685	1795	1911	2035	2167	2307	2457	2616	2786
7	1577	1674	1778	1887	2004	2128	2259	2398	2546	2704	2871	3048	3236	3436	3648
8	2151	2277	2411	2552	2702	2860	3028	3205	3393	3592	3803	4026	4262	4512	4777
9	2934	3097	3269	3451	3643	3845	4059	4284	4522	4773	5038	5318	5614	5926	6255
10	4003	4213	4434	4666	4911	5169	5440	5726	6026	6342	6675	7025	7394	7782	8190
11	5460	5730	6013	6310	6622	6949	7292	7652	8030	8427	8843	9280	9739	10220	10725
12	7448	7793	8154	8532	8928	9341	9774	10227	10701	11197	11716	12259	12827	13421	14043
13	10160	10600	11059	11537	12037	12558	13101	13669	14260	14878	15522	16194	16895	17626	18389

续表

薪级 薪等	1	2	3	4	5	6	7	8	9	10	11	12	13	14	15
14	13859	14417	14997	15601	16229	16882	17561	18268	19003	19768	20564	21391	22252	23148	24079
15	18906	19609	20339	21096	21881	22695	23539	24415	25324	26266	27243	28257	29309	30399	31530

根据企业薪酬发放惯例，对上述结果进行归十化处理，具体如表3－16所示。

表3－16　归十化后的薪酬标准表　　单位：元

薪级 薪等	1	2	3	4	5	6	7	8	9	10	11	12	13	14	15
1	250	270	290	310	340	370	390	430	460	500	540	580	620	670	730
2	340	360	390	420	450	490	530	570	610	660	710	760	820	880	950
3	460	490	530	570	610	660	700	760	810	870	940	1010	1080	1160	1250
4	630	670	720	770	820	880	940	1010	1080	1160	1240	1330	1420	1520	1630
5	850	910	970	1040	1110	1180	1260	1350	1440	1540	1640	1750	1870	2000	2130
6	1160	1240	1320	1400	1490	1590	1690	1800	1920	2040	2170	2310	2460	2620	2790
7	1580	1680	1780	1890	2010	2130	2260	2400	2550	2710	2880	3050	3240	3440	3650
8	2160	2280	2420	2560	2710	2870	3030	3210	3400	3600	3810	4030	4270	4520	4780
9	2940	3100	3270	3460	3650	3850	4060	4290	4530	4780	5040	5320	5620	5930	6260
10	4010	4220	4440	4670	4920	5170	5450	5730	6030	6350	6680	7030	7400	7790	8200
11	5470	5730	6020	6310	6630	6950	7300	7660	8040	8430	8850	9290	9740	10220	10730
12	7450	7800	8160	8540	8930	9350	9780	10230	10710	11200	11720	12260	12830	13430	14050
13	10160	10600	11060	11540	12040	12560	13110	13670	14270	14880	15530	16200	16900	17630	18390
14	13860	14420	15000	15610	16230	16890	17570	18270	19010	19770	20570	21400	22260	23150	24080
15	18910	19610	20340	21100	21890	22700	23540	24420	25330	26270	27250	28260	29310	30400	31540

（5）级差分析。

在（4）的基础上，需要针对各薪等内级差进行调整分析。在某个岗位等级下，每上升或下降一个等级薪酬变动的幅度，称为级差。一般来讲，高薪等的级差要大于低薪等的级差，在同一个薪等内部的级差可以保持相同。具体如表 3 – 17 所示。

表 3 – 17　薪等级差表

薪等	原有级差	调整后的级差
1	34	40
2	44	50
3	56	60
4	71	80
5	91	100
6	116	120
7	148	150
8	187	190
9	237	240
10	299	300
11	376	380
12	471	480
13	588	590
14	730	740
15	902	910

（6）根据调整后的级差水平调整薪酬标准表。

表 3 – 18　调整后的级差水平调整薪酬标准表　　单位：元

薪等＼薪级	1	2	3	4	5	6	7	8	9	10	11	12	13	14	15
1	250	290	330	370	410	450	490	530	570	610	650	690	730	770	810
2	340	390	440	490	540	590	640	690	740	790	840	890	940	990	1040
3	460	520	580	640	700	760	820	880	940	1000	1060	1120	1180	1240	1300
4	630	710	790	870	950	1030	1110	1190	1270	1350	1430	1510	1590	1670	1750
5	850	950	1050	1150	1250	1350	1450	1550	1650	1750	1850	1950	2050	2150	2250
6	1160	1280	1400	1520	1640	1760	1880	2000	2120	2240	2360	2480	2600	2720	2840
7	1580	1730	1880	2030	2180	2330	2480	2630	2780	2930	3080	3230	3380	3530	3680
8	2160	2350	2540	2730	2920	3110	3300	3490	3680	3870	4060	4250	4440	4630	4820
9	2940	3180	3420	3660	3900	4140	4380	4620	4860	5100	5340	5580	5820	6060	6300
10	4010	4310	4610	4910	5210	5510	5810	6110	6410	6710	7010	7310	7610	7910	8210

续表

薪级 薪等	1	2	3	4	5	6	7	8	9	10	11	12	13	14	15
11	5470	5850	6230	6610	6990	7370	7750	8130	8510	8890	9270	9650	10030	10410	10790
12	7450	7930	8410	8890	9370	9850	10330	10810	11290	11770	12250	12730	13210	13690	14170
13	10160	10750	11340	11930	12520	13110	13700	14290	14880	15470	16060	16650	17240	17830	18420
14	13860	14600	15340	16080	16820	17560	18300	19040	19780	20520	21260	22000	22740	23480	24220
15	18910	19820	20730	21640	22550	23460	24370	25280	26190	27100	28010	28920	29830	30740	31650

该测算模型重点考虑了各岗位等级现有薪酬水平，并在一定程度上进行了区间放大，因此，能够保证绝大部分员工按照现有薪酬水平，都能够在标准表中找到相应的位置。该模型设计的基本指导思想是“平稳过渡”原则，即基于现状，适当调整。

3. 市场导向的薪酬标准测算模型

（1）将岗位价值评估结果与市场薪酬水平进行比对，结合企业薪酬策略，确定企业薪酬中位线，如图3－15所示。

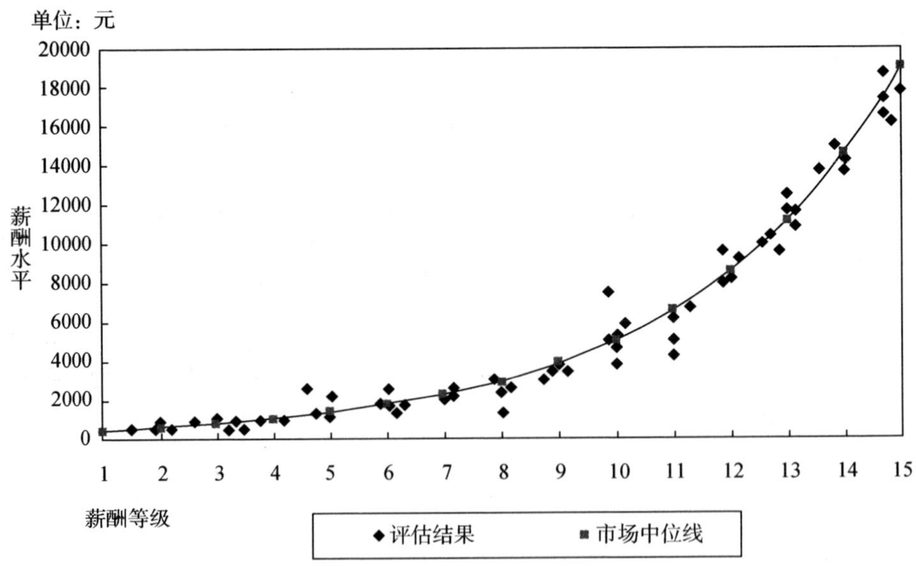

图3－15　企业薪酬中位线

若企业采用跟随策略，则可刊出企业薪酬中位线与市场中位线保持一致，如图 3－16 所示。

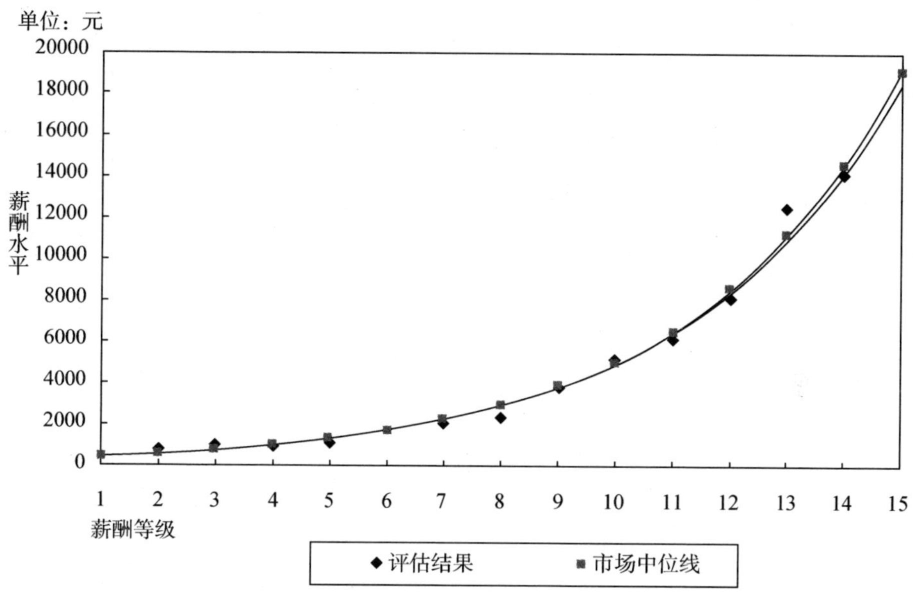

图 3－16 企业薪酬中位线与市场中位线关系图

（2）确定薪酬等级区间。

确定薪酬等级区间，即确定每一个薪酬等级的最大值和最小值，有以下两个重要参照依据：

◆ 市场薪酬水平分位线水平：市场薪酬水平分位线主要有 10 分位、25 分位、50 分位（中位线）、75 分位和 90 分位等。具体选哪个分位线作为参考标准，与企业采取的薪酬策略密切相关。

◆ 企业能够承受的薪酬增长幅度和薪级数量：薪酬增长幅度是指在某个岗位等级下，每上升（或下降）一个薪级薪酬变动的幅度，称为级差；薪级数量决定了在某个岗位等级下薪酬调整空间的大小。

例如，某企业根据市场水平确定薪等区间如表 3－19 所示。

表 3－19　某企业根据市场水平确定的薪等区间

岗位等级	最小值	中位值	最大值
1	332	453	574
2	434	592	750
3	567	773	979
4	740	1009	1279
5	967	1318	1670
6	1262	1721	2180
7	1648	2248	2847
8	2152	2935	3717
9	2810	3832	4854
10	3670	5004	6338
11	4792	6534	8277
12	6257	8532	10807
13	8170	11141	14112
14	10668	14548	18427
15	13930	18996	24062

（3）设计薪酬标准表。

根据前面介绍的方法，即可计算出薪酬标准表，在此不再赘述。

■ 步骤四：薪酬标准验证

根据上述方法得到的薪酬标准表可以认为是初步薪酬标准，具体是否能够满足企业薪酬管理的需求，还要对此表进行可行性验证。通常情况下有以下两种验证法则：

1．现有薪酬水平

为保证企业能够从现有薪酬水平平稳过渡到新的标准体系中，必须做到以下两点：

（1）现有薪酬水平能够在薪酬标准表中找到位置。

（2）留有足够的薪酬调整空间。

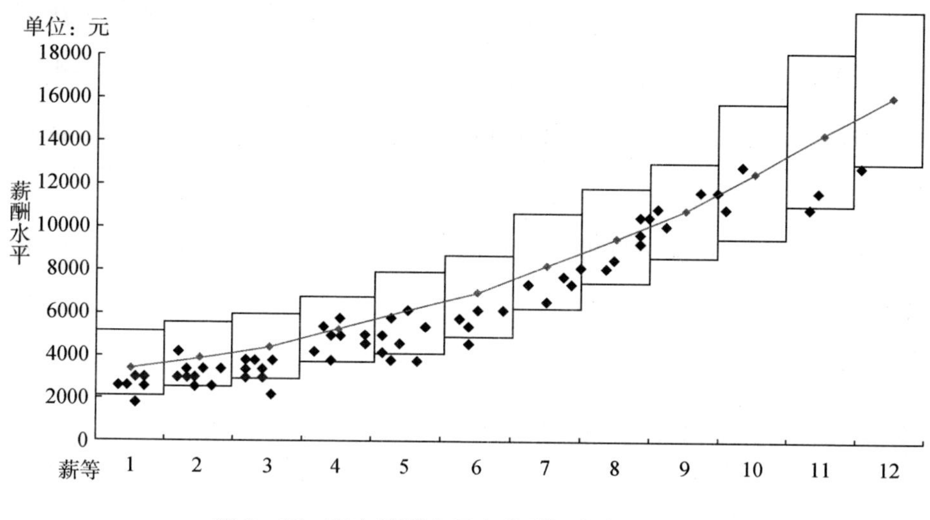

图 3－17　现有薪酬水平在薪酬标准表中的位置

现有薪酬状况能够在薪酬标准表中找到位置，是为了实现“平稳过渡”，即在新的标准体系下，保证人员的薪酬水平变动不会太大。留有足够的薪酬调整空间，是要保证未来的薪酬标准能够在企业中运行一定时期。

在图 3－17 中，散点表示企业现有的薪酬分布状况，实线表示薪酬标准的中位线。从图中可以看出，大部分点都在中位线以下，在薪酬区间的下半段，并且绝大部分点都落在薪酬区间内，因此，在该验证法则下，薪酬标准基本符合要求。

2. 标杆岗位的薪酬水平

选取标杆岗位对薪酬标准进行验证，看标杆岗位能否在标准表中找到合适的位置。通常情况下，选取的标杆岗位类别和人员类别包括：

（1）本科/硕士/博士应届毕业生。

（2）中高层核心岗位。

（3）市场劳动力价格公开的岗位。

例如，某人力资源部招聘的应届本科毕业生，担任薪酬管理专员岗位。根据当地市场水平并结合企业自身情况考虑，企业拟定的起始薪酬标准为1400元/月。按照岗位价值评估结果，薪酬管理专员处在第4等级，那么需要验证在第4等级的薪酬区间中，是否包含1400元。若包含，处在什么位置？是否还有足够的薪酬调整空间？

通过验证，对薪酬标准表进行修正调整。通常来讲，企业薪酬标准设计是一个循环往复的过程。

■ 薪酬标准设计的实施过程

表3-20　薪酬标准验证表

原则验证						
设计原则	是否符合		说明			
原则1						
原则2						
……						
薪酬策略验证						
薪酬策略	是否符合		说明			
薪酬策略1						
薪酬策略2						
…						
现有薪酬水平验证						
现有岗位名称	现有薪酬水平	薪酬等级	薪酬区间最小值	薪酬区间最大值	是否符合	说明
岗位1						
岗位2						
……						
标杆岗位薪酬水平验证						
标杆岗位名称	市场平均水平	薪酬等级	薪酬区间最小值	薪酬区间最大值	是否符合	说明

续表

岗位 1						
岗位 2						
……						
填写人： 填写时间：						

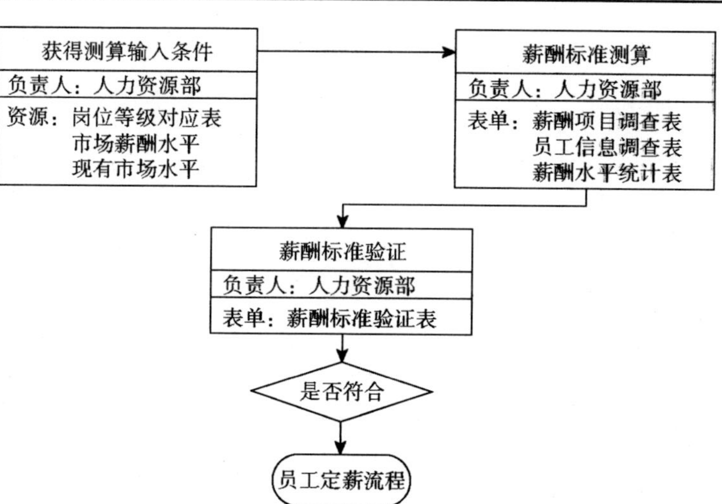

图 3－18　薪酬标准设计的实施过程

第4章　误区四：误认为“难以客观公平评价”

——岗位与能力价值评估体系

案例：M 企业面临的“公平性”困惑

2009 年，我曾经与北京一家从事软件开发的 IT 企业（以下称 M 企业）进行过深度合作。该企业初衷是希望通过薪酬水平来吸引和留住员工。M 企业普遍存在的问题是在企业工作了三年左右的技术员工离职率较高。企业支付给这部分人员的薪酬与当地薪酬水平相比，并不算低。从组织架构上来讲，技术类的核心部门是产品开发部，包括产品开发、技术研发、系统支持三条主要业务线。产品开发采用项目制方式，标准项目组配置包括系统架构师、系统设计师、软件开发工程师、测试工程师、文档管理员等。该企业技术类人员中规模最大的是软件开发工程师，占整个技术人员的 40% 左右。

通过离职调查，技术类人员离职的主要原因在于感觉公司利润“分配不公”。具体来讲，主要原因包括付出与回报不成正比，对公司项目奖金核算方案不满意，没有更好的发展机会。

调查结果对企业高层的触动很大。从高层的角度来看，给员工付薪多少，首先取决于企业的经营状况。在制定薪酬策略时，企业定位在平均水平不低于市场水平的 50 分位线，针对部分核心岗位的薪酬标准还会更高。通过待遇留人一直是该企业倡导的用人留人理念之一。

但是，在过度关注水平的同时却忽略了员工之间收入的平衡性。例如，在项目组成员的激励上，并没有严格地根据员工在项目中发挥的作用进行薪酬分配，同工种、同等级的员工在奖励分配上几乎没有差异；在主业人员和非主业人员之间薪酬标准的差异化也没有明示，可能有一些一般管理人员的收入比开发人员还要高。开发人员从业3年以后，公司并没有明确的员工提拔晋升的管理办法，更多的是基于领导的定性判断，员工感觉空间不明晰，评价不客观。

第1节 “公平”问题是“比较”问题

绝对公平永远无法做到。影响公平的因素包括市场因素、企业因素、个人因素，任何一个因素都无法建立穷尽和量化的评判依据。正是因为这种公平性评价的复杂性，最终导致公平要么变成平均主义，要么变成极端主义，企业总是在追求“公平”的理想过程中艰难应对各种公平性矛盾。

结合M企业案例，我们可以首先从公司调查的离职原因来分析主要问题。员工感觉“不公”，主要包括两个方面的原因，一方面是心理上的，如跟周围的同事、外面的朋友进行比较，感觉自己收入比较低，或者感觉自己个人付出很多，但回报少，两者不成正比，因而心理不平衡；另一方面是真实的收入水平，可能是外面的薪酬“诱惑”比较大。所以判断公平与否，应当从这两个方面入手。

心理上的不平衡实际上是一个“比较”的问题。目前在企业工作三年左右的技术人员，应该是公司的骨干人员，这些人的波动对公司的整个运营影响非常大。这部分人具有两个特点：一是已经具备一定的专业技能水平和经验，基本上能独当一面，能独立承担某些项目的开发。二是由于对这家企业相对熟悉，对新环境的需求相对强烈。所以，在一家企业工作3~5年的人往往是波动最大的一个群体。

针对这部分人，从薪酬水平上，企业首先应当区别于较低或者新进来的基层员工；其次必须要给他们一个明确的、在一定时期内能够得到的发展空间，一般从事专业五年以上的人，在专业水平上已经达到一定程度，可以成为公司的核心；第三，要关注他们的贡献和收入之间的合理性。

当然，公平性在薪酬上的直接体现是员工的收入水平，这主要看公司给员工确定的薪酬标准、分配方式和年度收入总额标准。通常来讲，收入水平的确定需要参考外部市场同行业、同地区相近岗位的收入水平。具体的分配环节，必须要根据员工的实际贡献来进行，否则极容易造成“人浮于事”或“干多干少一个样”的结果。另外，必须要注意薪酬结构，同样的收入，支付方式不同可能会起到完全不同的效果。

第 2 节　“公平性”分析：Value-Fair 模型

“三公”（内部公平、外部公平、自我公平）理论可以作为建立和分析企业薪酬管理体系具有普适性特点的理论依据——外部公平解决的是企业薪酬标准与外部市场薪酬水平的比较问题；内部公平解决的是企业不同岗位之间薪酬标准的比较问题；自我公平解决的是各员工个体贡献之间薪酬分配的比较问题。

如图 4－1 所示，在具体设计过程中，企业沿用常规薪酬体系设计的基本框架，主要从这类人员（岗位）的价值创造过程、价值评价来确定薪酬体制、薪酬结构、薪酬标准、激励机制分配和调整方式。

在价值评价环节，重点解决的是内部公平性问题，简单来讲就是解

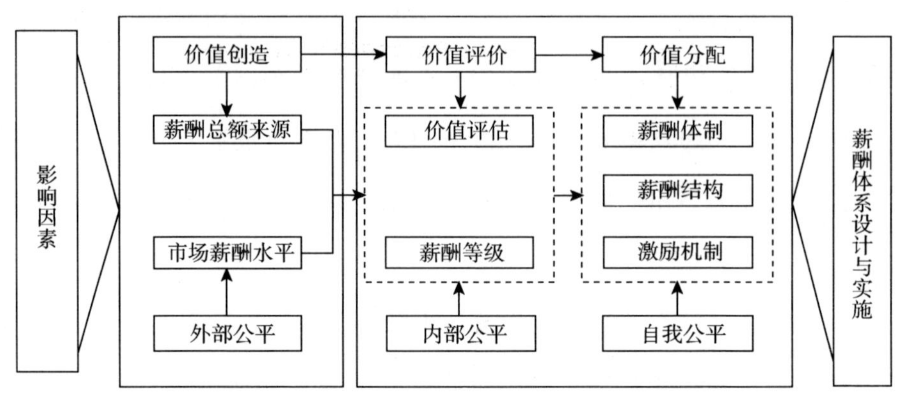

图 4－1　Value-Fair 模型

决员工内部“比较”的问题。方法可以通过对员工岗位进行价值评价和对员工个人进行能力与业绩评价两种手段来完成。

薪酬体制的设计与这类人员的价值创造方式有关。

就 M 企业来讲，技术类人员主要采用项目制方式工作，以“产品制造”为主，评判的主要标准是开发过程控制和开发出的软件产品质量，结合大多数 IT 企业对技术人员的薪酬体制的经验，M 企业可以采用“固定＋浮动”的薪酬结构，一般可以称为“岗位绩效工资制”。岗位工资部分主要依据岗位价值，结合市场水平来确定，这解决的是“内部公平性”和“外部公平性”问题。浮动工资部分，从设计角度来讲，可以通过对开发过程的控制和开发结果的考核来确定，这解决的是“自我公平性”问题。

根据前面所述，M 企业的薪酬结构基本确定。固定部分可以设置“岗位工资”，浮动部分可以设置“绩效工资”和“奖金”，这三部分作为员工收入的主体构成。绩效工资标准可以通过设置岗位工资，按岗位工资的一定比例来确定，奖金既可以采用岗位工资比例法确定，也可以通过设置奖励规则的方式来确定，比如根据项目大小切分出一定比例的利润作为项目组奖金，再确定项目组内部奖金提取规则。

薪酬标准问题相对好解决，企业需要注意的问题是既要考虑到这部分员工日常收入水平，也要考虑到年度收入。因为技术人员通常倾向于追求“稳定收入”。日常收入主要考虑的是岗位工资和绩效工资标准，可以根据市场薪酬水平，结合企业的承受能力，考虑与其他类型员工收入之间的平衡性等因素后再来确定，现在已有一些比较成熟的工具方法来确定日常收入。这种设计过程充分体现了内部公平性和外部公平性。另外要注意的是，如果根据市场薪酬水平来确定员工的收入水平，也可以分层分类，哪些岗位的员工是需要重点关注（吸引或保留）的，这些岗位的薪酬就可以适当高于外部水平，其他的岗位可以采用跟随策略，甚至略低于市场薪酬水平。

具体的分配和调整模式，解决的是两个问题，一是员工现在“怎么拿钱”的问题，二是员工今后“能拿多少钱”的问题。分配问题是针对每一部分的薪酬，确定发放周期、发放标准、发放规则，像国外的企业那样，每年根据社会经济水平、企业经营状况等，对第二年员工的收入进行调整。国内的很多企业也会有这些规定，但是也有不少企业基本上不调整。这种分配方式对员工的影响很大，有时候“预期”比“现实”对员工的心理影响更大。

M企业的做法是，技术人员的工资参考同行业的收入水平来确定，并且管理比较规范，很重视员工薪酬的调整，每年企业都会购买市场薪酬分析报告，看看市场收入水平是否有变化。但是，由于外面的高薪诱惑还是比较大，如有的公司开出条件，只要M公司的人加入，收入就增加30%。M企业不可能直接通过涨工资的方式来抵抗这种冲击，因此还是难以留住人才。

M企业无法避免与外部市场薪酬水平的激烈竞争。这种竞争方式，一不是长久之计，二跟公司做大做强有关系。说简单点，只要公司业绩足够好，给员工高收入不是件很难的事儿。但要注意的是，不管你给多少，最后市场是公平的，长期下来，员工到底“值多少钱”是一定会达成一个市场共识的。企业遇到这种问题，首先要考虑企业的承受能力，分析自己能够支付给员工薪酬的最大能力。其次，**从员工的重要性来讲，要有意识地向那些重要的岗位和关键人才倾斜，这本身就是体现公平性的一种策略。**

此外，如果说要结合外部市场薪酬水平来确定员工的基本待遇，那么另外需要注意的就是分配方式。前面提到，不同的分配方式可能会产生不同的效果。举例来讲，对于项目制的技术人员，奖金跟产品质量相关，有的企业甚至与产品销售额挂钩，这样做是将效益与分配挂钩，企业效益好，收入水平自然就水涨船高。这要从企业与员工之间的“公平性”角度考虑问题。

企业每年都要根据市场薪酬水平来调整公司员工的薪酬水平，这一点非常重要。但是具体调整哪些项目，调整幅度多大，这要结合具体问题具体分析。基本原则是，保障性项目应当依据市场水平定，浮动性项目结合企业效益定，总体收入或部分核心人员的收入一定要有竞争力。这涉及到如何进行薪酬体系的设计和企业总额管控，这些问题将在下面的章节具体探讨。

第 3 节　岗位价值评估 I/O 模型

2013 年，我为一家国有 F 企业提供咨询服务。该企业组织机构包括七个部门，合计岗位数量 63 个，职工 213 人。职工的岗位类型包括经营管理类、职能管理类、工程技术类和生产操作类。企业运营六年，岗位等级自 F 企业成立之初至今未进行过大的调整，六年间岗位有些小变动，但是没有大变动。近年来，F 企业的岗位价值发生了较大变化，主要是生产操作类岗位。这类岗位随着企业运营和业务规模的扩大，工作难度、工作性质已与企业成立之初产生较大差异。F 企业的薪酬体系是建立在岗位基础之上，因此，F 企业决定重新进行岗位价值评估，界定岗位价值，调整分配标准。

F 企业岗位价值评估主要针对一线生产人员，近年来生产类的职能发生了一些变化，而且一线生产人员在公司中的重要程度也有所增加。企业考虑的是要不要重新评价，怎么进行评价，以及评价结果出来之后怎么办。

■ 岗位价值评估的两个作用

在薪酬体系设计中，岗位价值评估仅仅解决了内部公平性问题。

在一家企业，岗位价值在一定时期是会发生变化的。不管是岗位的增加取消，还是职能发生变化，都会引起岗位价值的变动，像前面案例中的 F 企业就是这种情况。岗位价值与企业经营结合度非常紧密，为什么很多企业员工抱怨自己收入低，或者抱怨自己的工资很久没有调整过，而岗位价值本身是判断这些抱怨合理与否的重要依据。

岗位价值评估是指从岗位对企业发展“相对重要性”的角度，分析研究各个岗位在企业中所处的位置。在企业中，所设任何一个岗位都有其价值所在，关键是要通过一定的方法，确定其价值高低关系。在具体的管理实践中，多数企业一提到岗位价值评估，所想到的就是在其薪酬体系设计中的应用。事实上，岗位价值评估是企业组织管理体系中一个非常重要的环节，主要作用体现在以下两个方面：

一方面，衡量岗位战略价值及岗位在业务中的作用，作为该岗位员工晋升与调配、用工关系管理的依据，用于员工职业生涯发展和用工策略。另一方面，衡量岗位在业务及组织中的贡献度，作为评判岗位员工价值创造、价值分配的依据，主要用于薪酬管理体系设计。具体如图4－2所示。

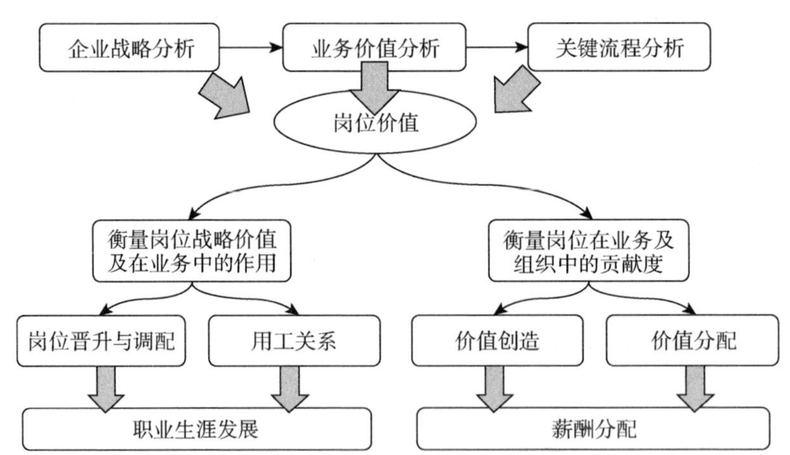

图4－2　岗位价值评估的作用

通常来讲，岗位价值评估的直接结果是“岗位等级”。这里有两个概念需要明确，岗位等级与岗位层级是不同的，岗位层级在某种程度上指“职务级别”，岗位等级体现的是“价值区别”。例如，同样是部门经理的岗位层级，但是由于两者在企业业务中的重要性和对企业贡献度有所区别，所处的岗位等级可能会不同。因此，这也就意味着不能简单地通过岗位名称或者层级来评判岗位等级和薪酬水平。

岗位价值评估在薪酬管理体系设计的应用前提是对员工的薪酬以岗位为基础。因此，岗位价值评估是绝大多数企业在薪酬体系设计中必不可少的环节。如果从“三公”的角度来看，岗位价值评估结果体现的是内部公平，即岗位在企业内部的相对重要性。

从宏观方面来讲，岗位价值是根据企业战略、业务重点来确定的，具体到实施过程，必须要把组织架构和岗位设置明确下来，把每个岗位的岗位分析做好，就是通常所讲的岗位说明书要规范，信息要完整。

岗位价值评估在薪酬体系设计中运用的比较多，主要是确定岗位相对高低，作为区分薪酬标准的依据之一。但这不是它唯一的应用，可以这样理解，岗位价值的判断是综合性因素的判断，评估结果可以作为区分岗位之间差异、评判岗位重要程度的关键依据，除了在薪酬体系中应用，还可以用在用工关系设计、用工策略分析等方面。

■ 岗位价值评估方法

可以将岗位价值评估工具理解为“度量衡”，它是一把统一的“公尺”，用这把尺子可以衡量全部或者大多数岗位的价值。所以，一般的岗位评估工具是将反映岗位重要程度的若干要素抽象地提取出来，然后总结概括。比较理想的评估工具不会体现任何岗位的具体内容，但是能够涵盖反映全部或者大部分岗位特点。

关于岗位价值评估的方法有很多，比如排序法、两两比较法、分类比较法、要素评估法等。现在用的比较多的方法是要素评估法，这类方法是首先针对评价的岗位提取出若干个关键要素，这些要素能够涵盖体现岗位价值的绝大多数内容，然后再给这些要素分别赋予分值和最终等级分析模型，最终形成评估工具。

这些方法并不互相排斥，各有利弊。有的企业是将几种方法综合运用，比如，先用排序法对岗位进行排序，排序之后再用要素评估法进行评估。目前在企业中应用比较多、相对也比较成熟的评估工具有不少，在这里不详细介绍。但是不管采用什么工具方法，首先需要了解评估工具背后的原理。

要素评估法首先要把岗位看作一个系统，这个系统包括四个要素：输入、过程、输出和环境。“输入”是胜任岗位所需要的知识、技能、经验、素质等，具备了这些条件，完成岗位工作就是一个履职的“过程”，最后达成一定的结果，就是所谓的“输出”。当然，每个岗位都有一定的“环境”条件，不管是在企业内部，还是企业外部。要素评估法的要点，是将上面谈到的四类要素分别抽象和细分为子要素，用这些子要素对岗位进行评估或者打分，然后通过建立一个分析模型来最终确定岗位等级。具体如图 4 – 3 所示。

企业往往包括不同类型的岗位，每种类型的岗位都有各自的特点。根据经验，可以采用两种工具进行评估，一种是针对生产操作类的，这类岗位的工作环境、劳动强度、劳动风险、对设备工器具的使用要求等，与其他类型的岗位存在比较大的差异，有些方面不能用“共性”的要素来评价，我们称这种评估工具为“技能类岗位价值评估工具”。这类岗位之外的其他岗位可以用另一种工具来评价，称之为“非技能

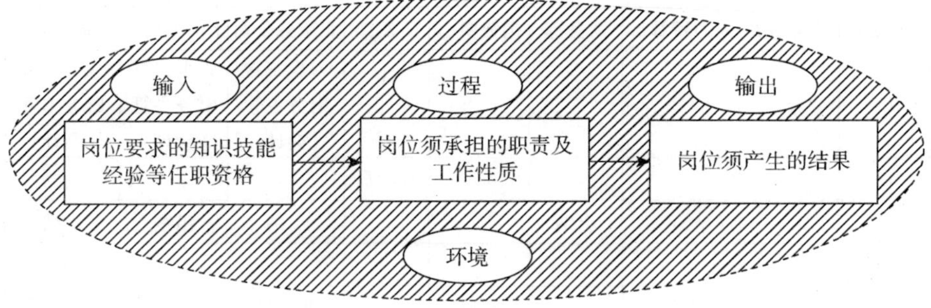

图 4-3　岗位价值评估 I/O 模型

类岗位价值评估工具”。首先分别对岗位进行评估，然后再将评估结果进行合并，形成一套完整的岗位等级分布。一般来讲，岗位价值评估的直接成果形式是“岗位等级对应表”，如表 4-1 所示：

表 4-1　岗位等级对应表

职位等级	公司高层	人力资源部	财务部	销售中心	研发部	北京分公司	上海分公司	无锡分公司
20	总经理							
19	副总经理				研发部主任			
18		人力资源部部长	财务部部长	销售中心主任		分公司经理	分公司经理	分公司经理
17		人力资源部副部长	财务部副部长					
16	总经理助理			业务经理	研发高级主管	销售经理	销售经理	销售经理
15		人事主管	总帐会计	业务主管	研发主管			
14		薪酬福利主管 绩效考核主管 培训开发主管 招聘主管			研发工程师			

续表

职位等级	公司高层	人力资源部	财务部	销售中心	研发部	北京分公司	上海分公司	无锡分公司
13						人事主管 财务主管 （会计）	人事主管 财务主管 （会计）	人事主管 财务主管 （会计）
12					程序员			
11			出纳			出纳	出纳	出纳
10								
9		专员		业务员		业务员	业务员	业务员
8								
7		干事						

这可以反映很多信息，最直接反映的是各岗位之间的等级差异和对应关系，另外还可以将员工岗位等级进行排列进而明确下来，形成员工职业生涯发展路径。

怎么合并这两套工具的评估结果，一般有两种方法：一种方法是选择标杆，例如，生产操作类的设备班班长跟人力资源部的薪酬主管是一个等级，我们就可以将这两个岗位立为标杆，其他的岗位对照这个岗位进行等级对应。另一种方法是进行分值折算，例如，生产操作类岗位的最高等级会处于非技能类岗位分值区间的下 1/4 ~ 1/3 段，根据这个分值将技能类评价结果进行折算，对应形成一个完整的等级分布序列。

■ 岗位价值评估的过程控制

无论定性评估还是定量评估，评估结果总会带有主观色彩。控制岗位价值评估结果质量主要取决于以下四方面因素：

（1）工具合理性。没有任何一项评估工具能够涵盖所有岗位价值的所有要素，岗位价值评估工具往往只关注重点因素，以及各因素之间的分值、比例关系。

（2）组织过程。组织过程控制非常重要，规范的组织流程可以有效地降低评估结果偏差。

（3）样本量。评估结果的分析是建立在统计学基础之上，原则上讲，样本量越大，评估结果越具有代表性。

（4）信息的充分性。反映岗位价值的信息越明确，评估人员的判断依据越充分，评估结果的有效性就越高。

评估的三个基本原则必须要强调。第一，对岗不对人。评估人在评估岗位过程中很容易联想到，谁在做这个岗位的工作，这个岗位的任职者能力水平、业绩如何，评估人会很自然地把这个人当作这个岗位来评。第二，评估岗位是评估现在而不是评估过去或者未来。当前这个岗位是什么情况，需要什么条件，针对这些进行评估。第三，要客观公正。这也是样本量越大越好的原因，样本量大可消除一部分人为的干扰。

岗位价值评估是岗位管理中一项基础而又很重要的工作。在评估之前，首先要规范岗位、规范岗位分析，岗位价值评估要素的评判标准主要依据岗位说明书。要考虑的一个比较实际的问题是，按照这样的一个流程，就能保证评估结果完全合理吗？答案是不能。如果前期准备工作、控制过程都做到位了，应该说评估结果相对是合理的，或者说大部分岗位等级分布会比较合理，但是不能保证都合理。根据经验，企业一般都会针对量化分析结果进行定性调整。

■ 岗位价值评估的结果应用

岗位评估结果不能直接应用于薪酬水平的确定，除非满足两个假设前提：第一，评估的要素必须能够涵盖所有的岗位特性。第二，评估过程是完全科学的，评估人是完全客观的。这两个假设前提基本上是不可能实现的。首先，我们说的评估要素，一般来讲是指能够涵盖绝大部分岗位的、反映岗位特性的主要因素，不可能做到涵盖所有的岗位特性，而且评估要素的分值也不可能是完全科学的；其次，每个评估人不可能是完全客观的，例如，在评估岗位的时候，尽管我们强调的是针对岗位，肯定有部分评估人员会自然想到现在的任职者是谁，他的能力怎么样，这就变成了“因人”打分。

岗位评估结果的应用有一些误区。例如，把每一个岗位的评估分值折算成工资标准，虽也有一些比较成功的案例，但是从实际上是说不通的。还有一种做法，就是按照固定分值区间确定岗位等级，例如评估结果50～100分是一个等级，101～150分是一个等级，针对所有的企业都是这样一个划分方式。这种方式也值得商榷，毕竟每家企业的管理层级不同，如果单纯地按照统一划分模式来设计，肯定会有偏差。

因此从实际操作来看，岗位价值评估的结果仅仅反映岗位之间的“内部公平性”问题，除此之外，不应当直接应用在薪酬水平的确定上。比较合适的做法是，尽可能扩大评估的样本量，从统计学角度，样本量越大，集中度越高，反映出来的结果越具有代表性。另外，以企业的岗位层级做参考，设计一个岗位等级划分模型，来实现符合不同企业具体实际的岗位等级划分。

第4节　能力四维评价模型

■ 什么是能力

能力体系建设是战略性人力资源管理中的一项重要职能，也是企业“以人为本”理念的最直接体现，是企业人力资源管理从以“事”为核心向以“人”为核心转变的关键职能。

企业在能力体系建设过程中，面临最大的问题是如何界定能力的范围，如何衡量能力，如何将能力体系应用于管理实践。

按照戴维·麦克利兰关于“能力”的定义，经典的冰山模型可以作出比较好的阐释。如图4-4所示，冰山以上的内容，包括知识、技能、经验等，作为显性能力，可以后天培养、开发和提升。冰山以下的内容，包括个性、价值观、意识等，作为隐性能力，属于人天生具备的，往往无法通过后天培养获取。

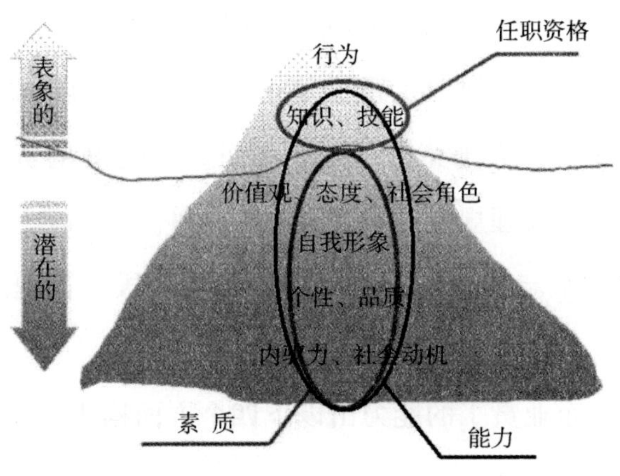

图4-4 能力冰山模型

一般来讲，显性能力定义为“任职资格”，隐性能力定义为“素质”。二者之间的关系如图4-5所示。

在企业管理实践中，“显性”与“隐性”之间的界限往往比较模糊。事实上，企业在员工能力体系建设实践过程中，没有必要过多地关注能力的显性和隐性之分，而要将重点集中在能力的明示、评判和应用环节。

在能力体系开发过程中，要更多地集中在与战略、文化、业务、岗位要求相关的关键能力项目中。因此，能力体系建设要注意“度”。在

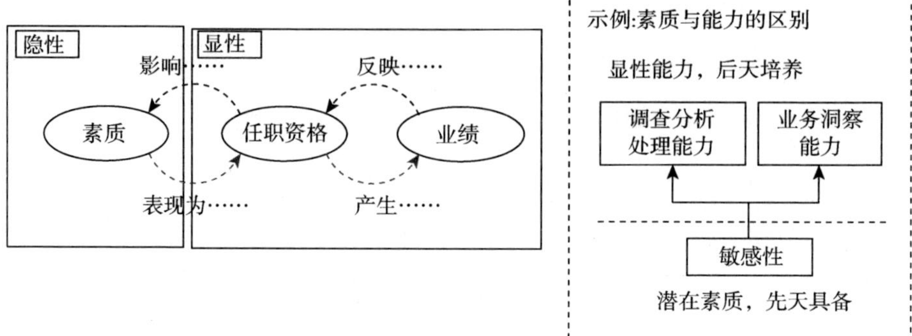

图4－5　显性能力与隐性能力的关系

建设过程中，“度”的概念体现在以下三个方面：

（1）能力要项。关注核心能力要求，追求精、准而非量的累积。

（2）资源支撑。必须充分考虑企业可与之配套的资源条件，包括资金、管理水平、管理规模、配套方法工具等。

（3）管理水平。必须与企业实际的发展阶段、管理能力和管理水平相结合。

具体来讲，企业员工的能力由以下四个方面构成，如图4－6所示。

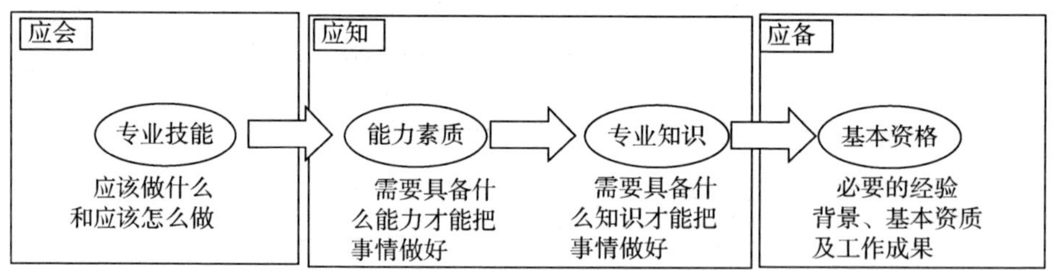

图4－6　企业员工能力必备四要素

（1）专业技能。重点反映在实际工作过程中员工解决问题的操作能力，知道自己应该做什么和怎么做。专业技能可以通过技能测试的方式进行评价。

（2）能力素质。反映任职者需要具备什么能力才能把事情做好，即必须具备的显性能力和隐性能力。能力素质可以通过能力测评的方式进行评价。

（3）专业知识。与岗位任职相关的专业知识要求，任职者需要具备什么知识才能把事情做好。专业知识可以通过知识考试的方式进行评价。

（4）基本资格。包括学历、工龄（司龄）、专业职称、技能等级、执业资格、特殊荣誉、突出贡献等，即必要的经验背景、基本资质和工作成果。基本能力可以通过资格审核的方式进行评价。

■ 能力建设，量力而行

自 2007 年开始，我帮助一家企业进行能力体系建设，历时五年，将涵盖企业绝大部分业务岗位的能力模型、能力标准要求、支撑资源体系等开发完成。企业在建立能力体系时，往往会因为对“能力”概念模糊，配套资源建设有难度等原因望而却步。

企业在构建能力体系时必须回答以下三个基本问题：

（1）是否真的需要能力体系建设。能力体系建设与企业发展阶段有密切联系。当企业总体管理水平和业务规模达不到一定程度时，引入能力体系建设可能会增加企业的管理负担，得不偿失。

（2）建设的目的是什么。是为了对员工能力进行开发与提升，还是为了与员工薪酬配套，抑或是促进员工职业生涯发展？

（3）企业的资源能否满足能力体系建设的需要。能力体系建设需要有较大的资源投入，包括有形资源和无形资源，在建设过程中需要开发能力模型、能力测评方法与工具、能力提升配套教材、师资、设施等，这些都需要资源投入。

所以，在能力系统建设过程中，企业必须要审时度势，量力而行。企业对于能力体系的建设，必须结合自身的发展阶段和资源状况而定，如图4－7所示。

	初生期	成长期	发展期	成熟期
核心人力资源	几个核心的人	几个核心的人 若干骨干	稳定的核心团队 稳定的骨干团队	稳定的核心团队 稳定的骨干团队 稳定的员工队伍
能力关注对象	核心人才	核心人才	核心人才 骨干人才	全员
能力判别方法	人为	人为+理智	理智	理智

图4－7 企业不同发展阶段的能力体系建设

在薪酬体系设计中，能力反映的是员工“个体”的因素，企业可以根据自己的实际情况采取不同的方式。例如，有的企业仅将员工的基本资格作为确定个人薪酬标准的依据，在操作过程中效果也不错。

第5节 绩效目标与结果：薪酬体系运转的驱动力

绩效问题一直困扰着很多企业。有一次在一个企业座谈会上，一位企业老总开玩笑地说：“要想企业早点垮，快用平衡积分卡。”他认为没考核的时候员工内部很和谐，有了考核一堆矛盾，因此还不如不做。

绩效的作用是什么？简单来讲，绩效解决以下三个问题：

（1）自上而下串接企业目标与员工工作行为的主线问题，即目标一致性问题。

（2）管理和运营的过程控制问题。

（3）价值评估问题。

当前企业在绩效管理中之所以遇到“设计难、考核难、维护难”的问题，一方面与企业的绩效管理文化有关，另一方面与企业的管理水平和管理能力密切相关。但不可回避的是，只有在绩效管理实施顺畅的前提下，薪酬管理体系才能顺利实施。

之前有一家企业的人力资源负责人向我咨询说，他们公司的绩效考核根本发挥不了作用，不管是主观评价还是客观评价，结果都只能作为参考，不可能真正应用，谁也不想得罪人，这个问题应该如何解决？我的回答是解决不了。绩效问题不是单纯靠技术方法就能够解决的，如果你自己都没有准备好，随时都会打破规则，寄希望于借助外力来解决问题，这是根本不可能的。

在薪酬体系设计中，绩效反映的是“内部公平性”，绩效与薪酬的“接口”直接体现在两个环节：分配环节和调整环节。此外，在企业薪酬总额预算和核算环节，通常是以绩效目标或绩效达成状况作为关键依据。

如图 4 - 8 所示，员工薪酬标准的确定与预定的“绩效目标”挂钩，员工分配与调整的“公平性”依赖于企业绩效管理系统的有效性。在员工薪酬分配环节，绩效考核结果与浮动部分挂钩，包括绩效工资、年度奖金等。在员工薪酬调整环节，绩效考核结果与员工晋升、薪资区间调整挂钩。

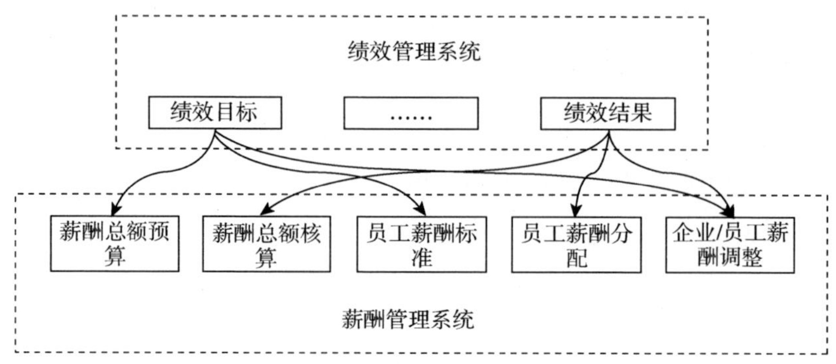

图4－8　绩效管理系统与薪酬管理体系的关系

第6节　解决之术：岗位价值评估工具设计“五步法”

由于不同企业内部岗位类别和性质上的差异，一套评估工具不一定能够适用于所有企业、所有岗位的价值评估，例如，职能管理人员和操作工人，在评估要素上会有很大的差异。而且，目前运用范围较广的评估工具也不一定能够拿来就用。企业在选择或者设计评估工具时，一定要把握一个“适用”原则。

从因素评分法设计的思想上来看，因素评分法是通过提炼能够反映岗位价值的若干要素并赋予其相应的分值，通过分值来衡量每个岗位价值的差异。因此，在岗位价值评估工具中，最重要的三个关键词是“要素”、“权重”和“分值”。

岗位价值评估工具设计“五步法”如图4－9所示。

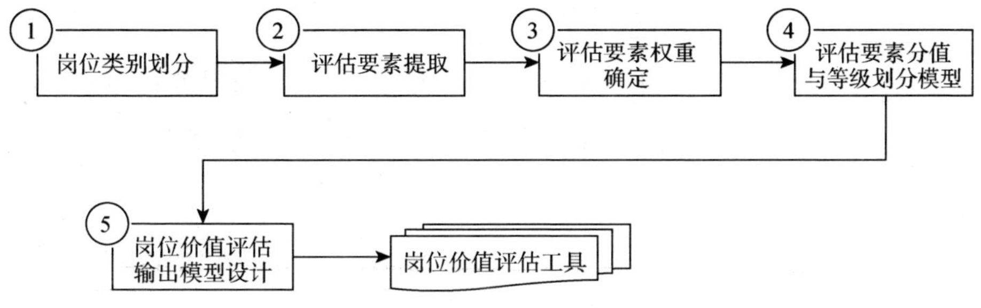

图 4－9　岗位价值评估工具设计“五步法”

■ 步骤一：岗位类别划分

衡量岗位价值的要素以及各要素的权重与岗位类别密切相关。例如，某 IT 企业的岗位类别定义如下：

（1）经营管理类：决定企业经营和管理大方向，对企业的经营效益和管理绩效负责。典型岗位有企业总经理、副总经理、部门经理、部门副经理、项目经理等。

（2）职能管理类：为企业各类管理活动提供方案，并对方案的科学性和可操作性负责，同时承担执行方案的事务性工作，对方案的执行绩效负责。典型岗位有人事管理员、质量管理员、物资管理员、计划管理员、会计等。

（3）市场类：为企业的市场营销活动提供方案，对方案的科学性和可操作性负责，同时承担执行方案的事务性工作，对方案的执行绩效负责。典型岗位有策划专员、业务员等。

（4）技术类：为企业研发活动提供技术解决方案，并对方案的科学性、可靠性、安全性负责，同时承担具体执行方案的事务性工作，对方案的执行绩效负责。典型岗位有开发工程师、测试工程师、主管设计师、主任设计师等。

（5）服务类：为企业各业务系统提供非技术性的服务，对各业务系统的正常运行负相关的直接责任。典型岗位有综合服务员、保洁员、司机等。

■ 步骤二：评估要素提取

评估要素必须具有通用性，即针对某一类或者某几类岗位，评估要素必须能够衡量绝大多数岗位的价值。从系统的角度来看岗位，基本要素主要有以下四个方面：

（1）输入：履行岗位所必需的任职资格要求。

（2）过程：在具备基本的任职能力前提下，岗位所要求行使的职责。

（3）输出：岗位产出的成果。

（4）环境：岗位工作的环境条件。

常用的评估要素如表4－2、表4－3、表4－4和表4－5所示。

表4－2　输入要素

序号	类型	要素名称	定义	评判准则
1	知识	学历	履行工作职责所需要的最低文化水平	按照国家规定的正规教育水平判定
2		专业知识	履行工作职责所必需的专业知识、技术要求	按照工作职责的专业性质，以及对专业知识要求的程度判定
3		综合知识	履行工作职责所必需的综合知识、技术要求	按照工作职责的通用性质，以及对综合知识要求的程度判定
4		知识广度	履行工作职责所必需熟知的专业领域、知识范围	岗位所要求的对知识广博程度的要求，而非知识深度要求
5		知识深度	履行工作职责所必需掌握的知识的精通程度	岗位对特定知识要求的精深程度而非广度

续表

序号	类型	要素名称	定义	评判准则
6	能力	专业技能	履行工作职责所要求达到的专业技能掌握程度	按照工作职责的专业性质，以及对专业技能要求的程度判定
7		通用技能	履行工作职责所要求达到的多种技能掌握程度	按照工作职责的通用性质，以及对通用技能要求的程度判定
8		管理技能	履行工作职责所要求达到的计划、组织、协调、控制的能力和技巧	按照工作职责对于管理能力要求的内容和程度判定
9		沟通能力	有效理解他人观点并明确表达个人观点的能力	按照职责所要求的重要沟通对象、沟通范围、沟通频率、沟通重要程度等判定
10		人际交往能力	职责所要求的与内部员工、外部客户及其他相关人员进行人际交往的能力	按照职责所要求的重要交往对象、交往范围、交往重要程度等判定
11		解决问题能力	职责所要求的借助相关的知识、工具、技术等，对问题进行分析、判断、有效解决的能力	按照职责需要面对的问题难度、类型、范围等判定
12		团队协作能力	职责所要求的与他人建立协作团队、共同完成任务的能力	按照岗位的工作方式、工作环境、任务类型等判定
13		计划协调能力	根据工作目标及所具备的资源条件，确定并适时调整工作步骤及相关时间节点，保证既定目标达成的能力	按照岗位的性质、协调的范围和难度、实现目标的难易程度等判定
14		决策能力	根据相关信息，做出合理假设与构想，进行选择并自行决断的能力	按照决策层次、决策范围、决策内容的类型等判定
15	经验	工作经验	岗位所要求的在本岗位或者本专业工作上的最低年限、任职年限等	依据在本岗位或者本专业上实际工作年限或者任职年限判定
16	素质	主动性	履行职责所要求的主动程度	依据职责的合规程度以及工作性质和范围进行判定
17		创新性	根据环境变化与工作需要，所提出的打破常规、不断改进工作流程与方法、提出有效解决方案的要求	依据岗位的工作内容和性质、主要面对的问题类型等进行判定

表 4－3　过程要素

序号	类型	要素名称	定义	评判准则
1	组织	组织规模	整个组织的人员规模、经济规模等	依据人员规模、经济规模等规模要素进行判定

续表

序号	类型	要素名称	定义	评判准则
2	组织	管理广度	岗位下属组织单元的数量	依据岗位管理的组织单元数量进行判定
3		管理幅度	岗位下属组织单元的层次	依据岗位管理的组织单元深度进行判定
4		下属人数	岗位管辖的直接下属和间接下属人员数量	依据岗位直接管辖和间接管辖下属人员数量进行判定
5		下属种类	岗位管辖的直接下属和间接下属人员种类和层次	依据岗位直接管辖、间接管辖下属人员的种类层次进行判定
6	职责	职责领域	履行职责活动过程中涉及到的职责范围、职责多样性与受控制的程度	依据职责的广度、职责的多样性与独立性等进行判定
7		决策层次	在正常履行岗位职责过程中需要参与决策的层次和程度	依据岗位的决策层次和决策程度等进行判定
8		风险程度	在正常履行岗位职责过程中面临的风险	依据岗位面临的风险类型与程度等进行判定
9	责任	质量责任	对企业质量管理体系和产品质量所担负的责任	依据对质量管理体系、产品质量等的影响程度进行判定
10		生产责任	岗位对企业产量完成情况过程中所担负的责任	依据产量规模、责任大小等进行判定
11		成本控制责任	岗位在完成职责过程中对于成本、费用等控制的责任	依据成本费用的规模、责任大小等进行判定
12		收入责任	岗位在实现企业收入中所担负责任的大小	依据收入规模、岗位担负责任大小等进行判定
13		保密责任	履行职责过程中需要承担的保密责任的大小	依据密级、承担安全责任大小等进行判定
14		安全责任	履行职责过程中对安全性的要求	依据岗位所要求的安全等级进行判定
15		人员管理责任	履行职责过程中对人员进行监管、培养、收入分配等方面的要求	依据对人员管理的规模、管理内容和管理程度进行判定

表4-4　输出要素

序号	类型	要素名称	定义	评判准则
1	经济性	经济后果	岗位对企业经济性后果的影响程度	依据岗位对经济后果影响程度，或者直接产生的经济效益规模进行判定

续表

序号	类型	要素名称	定义	评判准则
2	职责性	职务后果	正确履行职责后所导致的非经济性后果	依据岗位所产生的非经济后果种类、对非经济性后果的影响程度进行判定

表 4-5　环境要素

序号	类型	要素名称	定义	评判准则
1	工作环境	工作场所	衡量工作区域的情况，以及工作的安逸程度	以工作场所的工作环境、主要的工作时间作为判定依据
2		工作危害性	工作环境中所接触的对身体健康有危害的环境因素	以危害因素，例如高温、辐射、震动、有毒有害气体、粉尘、噪声、高空作业、地下作业等，其危害程度作为判定依据
3		工作强度	岗位所要求的工作量、工作节奏、注意力的集中程度等因素引起的工作负荷	以工作量大小、工作节奏快慢、工作负荷的饱满程度等进行判定
4		工作时间	工作所要求的特定起止时间	根据工作时间的规律性、昼夜安排等因素进行判定
5		行动自由度	指在履行职责过程中需要遵循的规范、接受监管的范围和程度。	根据遵循规范的范围和程度进行判定
6	沟通环境	沟通频率	在一定时间内平均需要沟通的次数	依据沟通频次进行判定
7		沟通难度	履行职责过程中需要与内外部客户进行沟通的难易程度	依据沟通的难易程度进行判定
8		沟通对象	主要面对的沟通客户	依据是否需要与内外部客户沟通、沟通的规模进行判定

各企业因情况不同可以选取或者自行添加其他要素。选取过程中需遵循以下原则：

（1）系统性原则：遵循"输入——过程——输出"+"环境"的系统思路提取要素的指导思想。

（2）通用性原则：选取的要素应当能够作为反映绝大多数岗位

(80%以上）价值的通用要素。

（3）适用性原则：很难做到选取的要素能够全面反映所有岗位的价值，只需要选取关键性要素即可，一般数量在8~15个为宜。

例如，某企业的岗位评估要素分析，如表4-6所示。

表4-6 某企业的岗位评估要素分析表

要素名称	要素类型	要素名称	经营管理类	职能管理类	市场类	技术类	服务类	频次
输入	知识	学历	√	√	√	√		4
		专业知识						0
		综合知识						0
		知识广度	√	√	√	√		4
		知识深度	√	√	√	√		4
	能力	专业技能						0
		通用技能						0
		管理技能	√	√	√			3
		沟通能力	√	√	√	√		4
		人际交往能力	√	√	√	√		4
		解决问题能力	√	√	√	√	√	5
		团队协作能力						0
		计划协调能力						0
		决策能力						0
	经验	工作经验	√	√	√	√	√	5
	素质	主动性						0
		创新性	√			√		2
过程	组织	组织规模	√					1
		管理广度	√	√				2
		管理幅度	√					1

续表

要素名称	要素类型	要素名称	经营管理类	职能管理类	市场类	技术类	服务类	频次
过程	组织	下属人数						0
		下属种类						0
	职责	职责领域	√	√	√	√	√	5
		决策层次	√					1
		风险程度	√		√			2
	责任	质量责任						0
		生产责任						0
		成本控制责任						0
		收入责任						0
		保密责任						0
		安全责任						0
		人员管理责任	√					1
输出	经济性	经济后果	√	√	√	√		4
	职责性	职务后果	√	√	√	√	√	5
环境	工作环境	工作场所	√	√	√	√	√	5
		工作危害性						0
		工作强度				√		1
		工作时间						0
		行动自由度	√		√			2
	沟通环境	沟通频率	√	√	√	√	√	5
		沟通难度	√	√	√	√		4
		沟通对象						0

经过比较与分析，确定最终的岗位价值评估要素如图 4－10 所示。

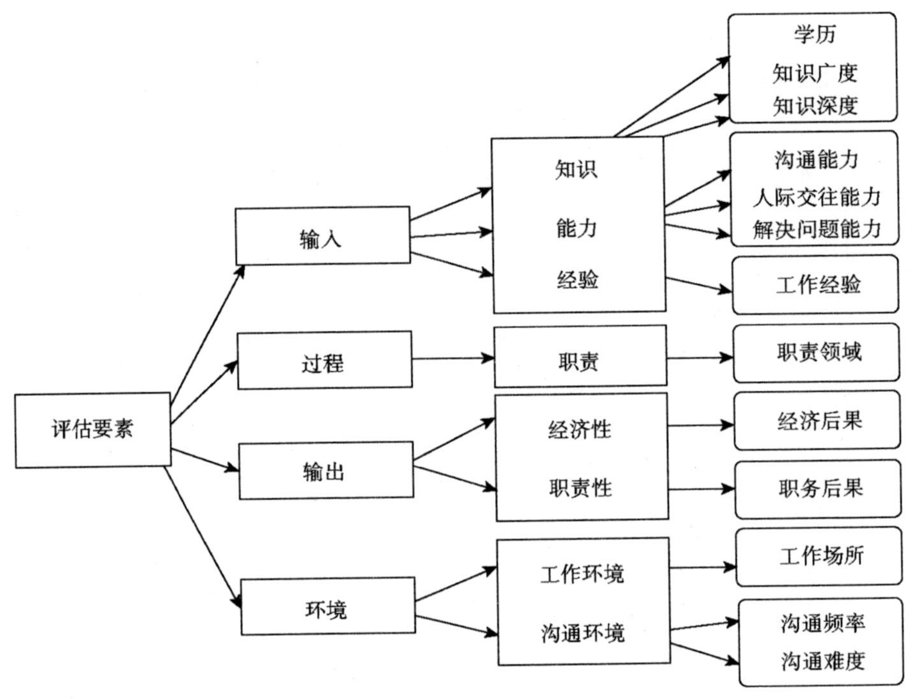

图4－10　某企业最终的岗位价值评估要素

步骤三：评估要素权重确定

评估要素的权重体现了各类要素对于岗位价值影响程度的大小。不同企业类型（如知识密集型企业和劳动密集型企业）、不同岗位类别（如职能管理类和技术类）各因素之间的权重不同。以下是某企业岗位价值评估要素的权重设定，如图4－11、图4－12所示。

在设定各要素之间的权重时，需要考虑以下因素：

（1）各类要素所包含的子要素数量。例如，在图4－11中，知识技能经验要素中包含7个子要素，相应地该类要素的权重应当适当加大。

（2）企业类型和评估岗位的类型。例如，劳动密集型企业对于知

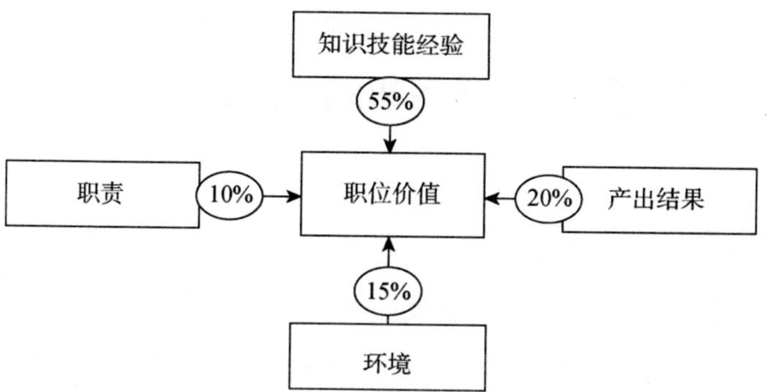

图 4－11　某企业岗位价值评估要素的权重设定

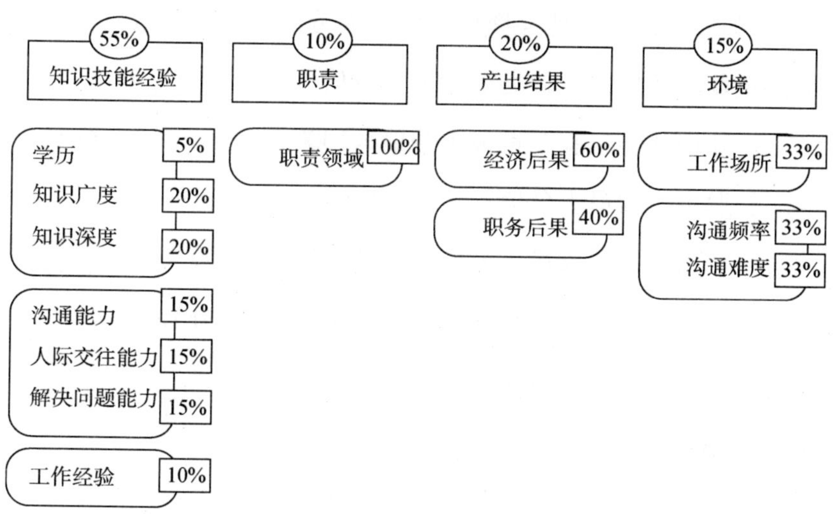

图 4－12　某企业岗位价值评估各要素的具体权重设定

识的要求相对较低，学历的权重相对可以较小。

（3）企业的价值取向。是注重知识要素，还是以结果为导向，或者更加注重过程，根据企业价值取向不同，各类要素可以设定不同的权重。

一般来讲，确定要素权重是个反复的过程，需要综合各方面的因素进行调整，要针对所有岗位设定统一的权重。

步骤四：评估要素分值与等级划分模型

1. 确定岗位价值最大分值

最大分值没有绝对价值的含义，应当设定一个较大的整数。例如，设定最大值为1000分。

2. 确定各类要素的最大值

各类要素的最大值 = 岗位价值最大分值 × 各类要素权重

在前面某企业的案例中，各类要素最大分值分别为：

知识技能经验要素最大分值 = 1000 × 55% = 550（分）

职责要素最大分值 = 1000 × 10% = 100（分）

产出结果要素最大分值 = 1000 × 20% = 200（分）

环境要素最大分值 = 1000 × 15% = 150（分）

3. 确定各子要素的最大值

各子要素的最大值如表4－7所示。

表4－7　各子要素的最大值

要素类型	子要素	权重（%）	最大分值（分）	调整后的最大分值（分）
知识技能经验（550分）	学历	5	27.5	50
	知识广度	20	110	100
	知识深度	20	110	100
	沟通能力	15	82.5	80
	人际交往能力	15	82.5	80
	解决问题能力	15	82.5	80
	工作经验	10	55	60

续表

要素类型	子要素	权重（%）	最大分值（分）	调整后的最大分值（分）
职责（100 分）	职责领域	100	100	100
产出结果（200 分）	经济后果	60	120	120
	职务后果	40	80	80
环境（150 分）	工作场所	33	50	50
	沟通频率	33	50	50
	沟通难度	33	50	50

注：最好将各子要素最大分值化为 10 的倍数。

4. 确定各子要素的等级

等级划分没有严格的标准，子要素等级的确定需要遵循以下几个原则：

（1）按照国家公认或者企业公认的等级划分。例如，学历因素按照公认的标准，可以划分为初中及以下、高中、大专、本科、硕士、博士等若干等级。

（2）对于等级的描述要详尽并易于理解。在描述过程中通常需要考虑的内容包括环境因素、程度因素、频率因素、结果因素。例如，典型的描述语句格式：在一般的工作环境下，需要经常性地对他人产生重大影响，并对工作结果承担主要责任。

（3）包含所有的等级分布情况。例如，沟通能力至少会包括：①不需要特定的沟通环境，只需最基本的沟通与交往能力，不需要对他人产生影响；②不需要特定的沟通环境，需要在沟通过程中对他人产生一定的影响；③需要特定的沟通环境，并对他人产生一定的影响；④不需要特定的沟通环境，需要对他人产生极大影响；⑤需要特定的沟通环境，并对他人产生极大影响。

（4）与企业具体实际相结合，能够量化表达的尽量量化表达。例如，对于经济后果，可以根据企业具体的经营效益进行等级划分：①10

万元以下，并对结果承担间接责任；②10 万～50 万元，并对结果承担间接责任；③50 万元以下，并对结果承担主要责任；④50 万～200 万元，并对结果承担间接责任；⑤50 万～200 万元，并对结果承担主要责任；⑥200 万～500 万元，并对结果承担间接责任；⑦200 万元以上，并对结果承担主要责任。

5. 确定各等级分值

确定各等级分值主要有以下三种方法：

（1）韦伯定律：根据韦伯定律，人们在对物体进行比较时，感知的不是他们之间的绝对差异，而是此差异相对于物体本身大小的比例，而恰能被人感知和觉察到的相对差异是 15%。

例如，职责领域的最大分值是 80 分，划分为 5 个等级，按照韦伯定律确定各等级的分值，具体分值如表 4－8 所示：

表 4－8　韦伯定律下的各等级分值

职责领域——履行职责活动过程中涉及到的职责范围、职责多样性与受控制的程度	
等级	分值
1	46
2	53
3	60
4	70
5	80

（2）指数分布法：根据确定要素的最大值和等级数量，根据指数公式计算各等级的分值。

$$y = a \times e^{bn} \quad （公式 4－1）$$

公式 5 中，y、n 为变量，y 为分值，n 为等级数量，a、b 为参数，e 为自然常数。

例如，职责领域最大分值为80分，划分为5个等级，最小等级的起始分值为40分，则可以计算出参数 a 和 b 分别为33.63和0.17。各等级分值如表4-9所示。

表4-9　指数分布法下的各等级分值

职责领域——履行职责活动过程中涉及到的职责范围、职责多样性与受控制的程度	
等级	分值
1	40
2	48
3	57
4	67
5	80

（3）等差分布法：根据确定的要素最大值、等级数量和等差，计算各等级的分值。

例如，职责领域最大值为80分，划分为5个等级，等差确定为10分，按等差分布法则可计算出各等级分值，具体如表4-10所示。

表4-10　等差分布法下的各等级分值

职责领域——履行职责活动过程中涉及到的职责范围、职责多样性与受控制的程度	
等级	分值
1	40
2	50
3	60
4	70
5	80

步骤五：岗位价值评估的输出模型设计

岗位价值评估输出对应的表格为岗位等级对应表，岗位价值分值即评估结果处理的最终结果，表明各岗位价值的具体数值是多少，按照一定规则，将数值转换为岗位等级，即为岗位价值评估的输出模型。

一般来讲，岗位价值评估输出模型有两种方法：曲线分布划分法和倍数划分法。

1. 曲线分布划分法

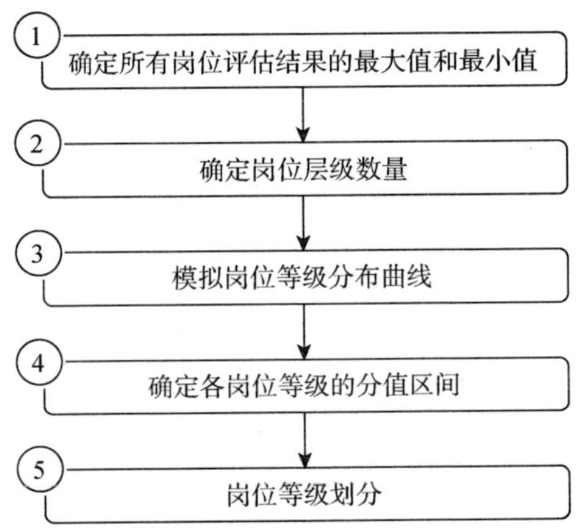

图 4-13 曲线分布划分法

如图 4-13 所示，曲线分布划分法的划分步骤为以下三步：

第一步，确定所有岗位价值评估的最大值 Max 和最小值 Min。

第二步，确定企业岗位层级数量 n。

确定企业岗位层级数量的主要依据有：

（1）岗位层级：从企业的最高层领导岗位，到最底层的基层岗位，可以划分为多少个组织层级。

（2）能力层级：主要针对那些无法通过岗位行政级别来区分层级的情况。

第三步，模拟岗位等级分布曲线。

岗位等级曲线一般采用指数分布形式：

$$y = a \times e^{bn}$$

其中，y 代表岗位价值评估的分值，n 代表岗位等级，a、b 为参数。确定岗位等级分布曲线就是要确定参数 a 和 b：

$$\text{Max} = a \times e^{(n+1)b}$$

$$\text{Min} = a \times e^{b}$$

其中，Max、Min、n 为已知，则 a、b 的计算公式分别为：

$$a = \frac{\text{Min}}{e^{\frac{\ln\frac{\text{Max}}{\text{Min}}}{n}}}$$

$$b = \frac{\ln\frac{\text{Max}}{\text{Min}}}{n}$$

注意，在测算曲线时，若企业的岗位层级划分为 n 级，则最大值应当用 $\text{Max} = a \times e^{(n+1)b}$ 进行模拟，因为最大值实际上表示的是第 n 级的最大值和第（n+1）级的起点。

例如，评估结果的最大值为 3200 分，最小值为 60 分，划分为 15 个层级，则 a、b 的值分别为 46.0276 和 0.2651，则岗位等级分布曲线如图 4－14 所示。

岗位等级的划分区间则如表 4－11 所示。

表 4－11　岗位等级的划分区间

岗位等级	最小值	最大值
1	60	77

续表

岗位等级	最小值	最大值
2	78	101
3	102	132
4	133	172
5	173	225
6	226	293
7	294	383
8	384	499
9	500	651
10	652	849
11	850	1107
12	1108	1444
13	1445	1882
14	1883	2454
15	2455	3200

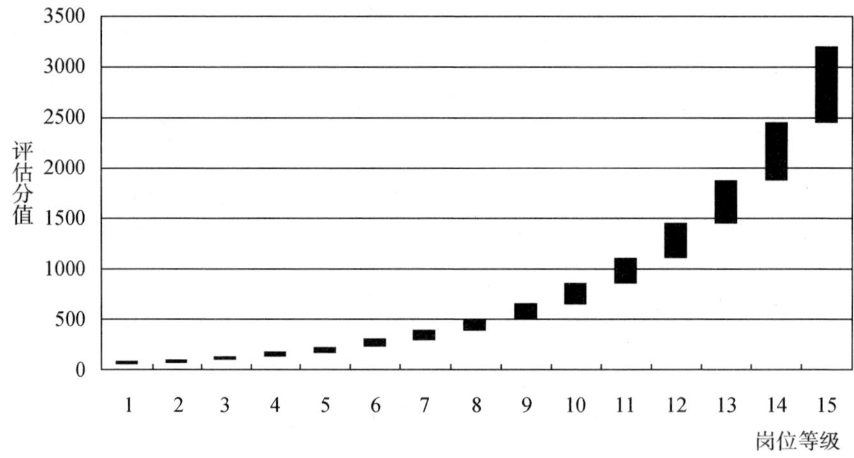

图 4－14　岗位等级分布曲线

根据上述区间段和岗位价值评估结果，即可对岗位等级进行划分。

例如，某生产型企业岗位的层级划分为 15 个等级。其中，领导类岗位层级划分主要依据岗位的行政级别，从副科级领导到企业的董事长一共划分为 7 个等级；职能类岗位、技术类岗位、生产类岗位层级的划分主要以能力级别为主。根据评估结果，岗位等级划分如图 4 - 15 所示。

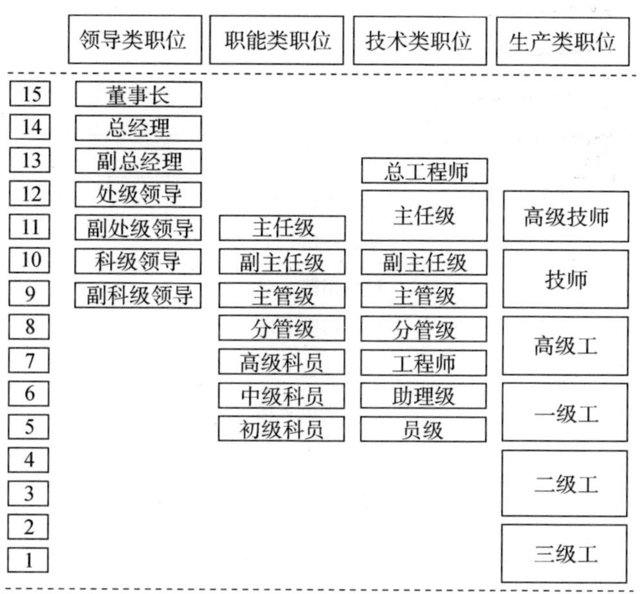

图 4 - 15　某企业岗位等级划分图

在划分岗位等级时，要注意横向与纵向的平衡。例如，图中职能管理类岗位的主任级别与副处级领导级别相当，技术类岗位总工程师级别可以达到企业副总级别，生产类岗位达到高级级别时最高与处级领导相当。

2. 倍数划分法

所谓倍数划分法，是将评估结果除以某一个基数，按照所得的倍数划分等级的一种方法。例如，某企业按照 50 的倍数来计算，并根据倍数划分岗位等级的原则如表 4 - 12 所示。

表 4－12 某企业倍数划分法的岗位等级划分

等级	倍数	倍数区间
1	<1 倍	1
2	1≤倍数<2	1
3	2≤倍数<3	1
4	3≤倍数<4	1
5	4≤倍数<5	1
6	5≤倍数<7	2
7	7≤倍数<9	2
8	9≤倍数<11	2
9	11≤倍数<14	3
10	14≤倍数<18	4
11	18≤倍数<22	4
12	22≤倍数<26	4
13	26≤倍数<32	6
14	32≤倍数<40	8
15	40 倍以上	—

倍数划分法可以认为是对曲线分布划分法的一种简化，操作起来相对更简单一些。

■ 岗位价值评估的实施步骤

价值评估过程包含 5 个主要步骤，具体评估步骤如图 4－16 所示。

1. 确定岗位价值评估专家成员，成立岗位价值评估小组

评估小组的组建一般由企业的人力资源管理部门组织。小组成员的任职资格要求主要包括以下几点：

（1）工作经验丰富，熟知公司各项业务（或者主要业务）的运作。

（2）具有公证、客观的工作态度，能够公正客观地对岗位价值进

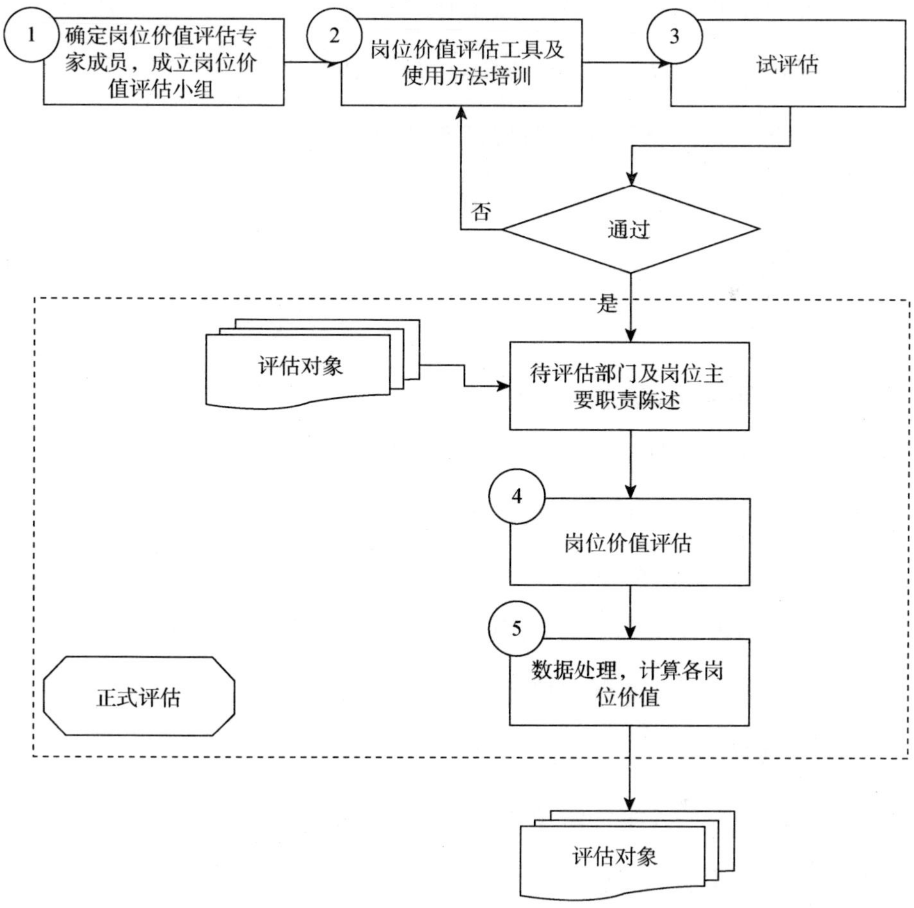

图 4－16　价值评估过程的 5 个主要步骤

行评估。

（3）企业中层以上核心人员。

从人员构成上来看，主要包括以下几类人员：

（1）企业内部中高层管理人员，管辖范围涉及所有评估对象岗位。

（2）企业内部各业务系统的带头人。

（3）人力资源管理部部长（或级别相同的人）。

（4）外部人力资源管理专家。

从人员数量上来看，30人以上比较合适，并且最好是奇数，主要是方便在后期评估数据处理过程中计算相关的统计量。

2. 岗位价值评估工具及使用方法培训

评估方法培训主要是针对评估小组成员就评估对象进行说明，对评估方法进行讲解。

3. 试评估

试评估的目的主要有两个：

（1）对评估工具进行验证。

（2）了解评估人对评估方法的掌握程度。

通过试评估，考察评估工具是否合适，评估要素、分值是否客观科学，评估人是否真正掌握并能熟练应用评估方法。只有在工具设计完善、评估人已经完全掌握了评估工具之后才能够开始正式评估。

4. 正式评估

为了保证评估效果，对于正式评估过程的组织和控制至关重要。一般来讲，正式评估主要包括两个关键步骤：

（1）待评估部门及岗位主要职责陈述。对待评估部门及岗位（重点是标杆岗位）的职责、任职资格要求等进行详细描述，目的是让评估专家对岗位有一个清晰的了解。通常情况下，由对岗位熟知的专家进行描述。

在评估正式开始之前，要准备好每个岗位的岗位说明书或者任职资格标准，便于在评估过程中参考。

（2）岗位价值评估。采用评估工具对岗位进行评估，评估过程中需要把握以下两个关键点：

◆ 评估岗位安排：待评估岗位的安排顺序很重要，通常情况下，可以按照岗位的组织层级（如由高至低）、岗位的重要性（如关键岗位）、岗位的特殊性（如对职责和任职能力有特殊要求的岗位）安排评估的顺序。

评估顺序安排科学，可以使评估人在评估过程中对各岗位有一个比较，从而有效提升评估结果的准确性。

◆ 评估时间控制：通常情况下，一个岗位的评估时间控制在 5～10 分钟左右较为合适。切记不能为追求进度而缩短评估时间，这需要评估人对每一个岗位、每一个评估要素都有充分的理解。

评估主线包括两种：以职位为主线和以要素为主线。常用的评估方式是以职位为主线的评估方式，用所有的要素逐一对每一个岗位顺序评估。以要素为主线的评估方式是依次用每一个要素评估每一个岗位，评估完成之后再用第二个要素评估每一个岗位，以此类推直到用所有的要素评估完所有的岗位。具体如图 4－17 所示。

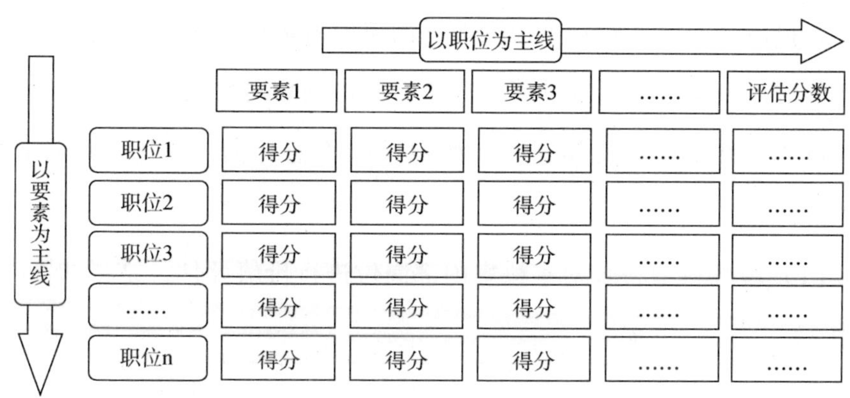

图 4－17　以职位和要素为主线的评估方式

这两种主线的评估方式各有优劣，如图 4－18 所示。

以评估职位为主线	以评估要素为主线
◆ 能够让评估人在评估时聚焦在职位，对衡量职位的各要素通盘考虑，全面衡量每一个职位的价值，在各要素间取得一个平衡 ◆ 相比较而言，在每一个要素上的比较较差	◆ 能够让评估人在每一个要素上对各职位进行比较，能够体现出各职位在评估要素上的差异 ◆ 相比较而言，对职位整体价值的考虑较差

图 4－18　两种主线评估方式的优劣对比

具体选择哪种主线的评估方式需要企业根据自身的情况设定。一般来讲，以评估职位为主线的比较适合对所有岗位进行评估且岗位类别比较复杂的情况，以评估要素为主线的比较适合对岗位进行分类评估的情况。

评估方式主要有两种：统一评估和分层评估。统一评估是由评估小组对所有岗位进行评估；分层评估是指由各单位专家评估各自单位内的岗位，再由公司高层对各单位的领导岗位或者标杆岗位进行评估，确定各单位的调整系数，最终计算企业所有岗位的相对价值。

例如，某企业对其部分职能科室进行价值评估，采用分层评估的方式。

（1）由各科室科长对本科室内部岗位进行价值评估，结果如图 4－19 所示。

财务科		人事科		销售科	
财务科长	413分	人事科长	542分	销售科长	511分
总帐会计	350分	人事主管	394分	销售主管	420分
会计	264分	人事专员	285分	销售员	205分
出纳	125分	综合干事	144分		

图 4－19　某企业分层评估结果图 1

由于各部门的负责人是对本部门最了解的“专家”，因此，由他们对本单位内部各岗位进行评估，这相对来讲是比较客观的，但是无法形成各单位之间价值的横向比较。

（2）由公司高层对各科室领导进行价值评估，结果如图 4－20 所示。

财务科长	474分	人事科长	420分	销售科长	459分

图 4－20　某企业分层评估结果图 2

（3）根据高层对科室领导评估的结果以及各科室自评结果，计算各科室的调整系数，如图 4－21 所示。

财务科	1.15	人事科	0.77	销售科	0.90

图 4－21　某企业各科室的调整系数

（4）确定所有岗位的价值分值，结果如图 4－22 所示。

财务科		人事科		销售科	
财务科长	474分	人事科长	420分	销售科长	459分
总帐会计	402分	人事主管	305分	销售主管	377分
会计	303分	人事专员	221分	销售员	184分
出纳	143分	综合干事	112分		

图 4－22　某企业所有岗位的价值分值

5. 数据结果处理，计算各岗位价值

（1）评估数据预处理。

由于每个人的评判标准不同，因而每个评估对象的评分结果分布相对会比较离散。因此，需要对评估结果进行预处理，把离散性较大的数据剔出。主要由两种方法：去掉最大值和最小值及测算得分的集中程度和分散程度。这里重点介绍第二种方法。

测算得分的集中程度和分散程度的步骤如下：

◆ 计算岗位价值评估结果的平均值 A。

◆ 计算岗位价值评估结果的方差 a。

◆ 对［A－a，A＋a］（置信度是 92.5%）或者［A－3a，A＋3a］（置信度是 97.5%）范围之外的数据进行剔除，剩余数据用作计算岗位价值的样本数据。

反复以上三个步骤，对所有岗位的评估结果均作上述处理，最后得到的数据即可作为计算每一个岗位价值的样本数据。

（2）统计量计算。

用于测算岗位价值的统计量有：

◆ 平均值：所有样本数据的加权平均。

◆ 中位数：将样本数据按顺序排列后位于中间位置的数据。

◆ 众数：出现频率最高的数值。

其中，使用比较多的是平均值和中位数。

在计算平均值时，有时候需要考虑评估人的权重，设置权重的原则是哪类专家对哪类岗位的价值"更有发言权"。例如，评估工程技术类岗位，工程技术类专家的评分结果所占权重更大。

例如，某企业岗位价值评估中各类专家的权重，如表 4－13 所示。

中位数即 50 分位值，是样本数据排序后，位于中间位置的那个数，这表示如果一组数据按照顺序排列后，有 50% 的样本取值在中位数以下，50% 的样本取值在中位数以上。当样本数为奇数时，中位数是指将所有样本值按照顺序排列后，排在中间位置上那个数值；当样本为偶数时，中位数是指将所有样本值按照顺序排列后，排在中间位置上那两个数值的平均值。

表 4－13　某企业岗位价值评估中各类专家的权重

岗位类别／权重／评估人	领导类岗位	职能管理类岗位	工程技术类岗位	市场类岗位
公司总经理（1 人）	20%	10%	10%	15%
研发副总（1 人）	15%	10%	15%	5%
营销副总（1 人）	15%	10%	5%	20%
总工程师（2 人）	10%（5%×2）	10%（5%×2）	30%（15%×2）	10%（5%×2）
总质量师（1 人）	5%	5%	15%	5%
事业部总经理（4 人）	20%（5%×4）	40%（10%×4）	20%（5%×4）	40%（10%×4）
人力资源部长（1 人）	15%	15%	5%	5%
合计：11 人	100%	100%	100%	100%

众数是指出现频率最多的数值。如果有两个或两个以上的数值出现频率最多，那么就会存在多个众数；若所有的数值出现的次数一样，则不存在众数。

平均值是采用最广泛的统计量，可以被看作是数据的“平衡点”或者“重心”位置所在。在计算平均值时，要用到所有的数据，所包含的信息量最大，但缺点是很容易受到极端值的影响。从这一点来看，平均值不如中位数和众数稳定。因此，在数据对中心的偏离程度不是很大的情况下（可以通过方差反映），可以采用平均值；如果数据离散程度比较高，最好采用中位数。

众数是一个比较“特殊”的统计量，有可能存在两个或两个以上的众数，或者出现频率很小的数值也可能成为众数。在通常情况下，若众数唯一存在，并且出现次数占样本总量的 50% 以上，则可以考虑将众数作为统计量；否则，将众数作为一种参考或者补充。

（3）评估结果的展现形式，原始评估结果的展现形式如表 4－14 所示。

表 4－14　原始评估结果表

编号	评估人	权重	评估时间	岗位名称	岗位类别	所属单位	要素 1	要素 2	……	评估结果
1										
2										
……										

◆ 采用平均值作为统计量的展现形式。

若采用平均值作为统计量衡量岗位价值评估结果，需要通过平均值分布曲线来考察评估结果在逻辑上和数值上的准确性。例如，图 4－23 所表现的是某部门各岗位评估结果平均值分布曲线。

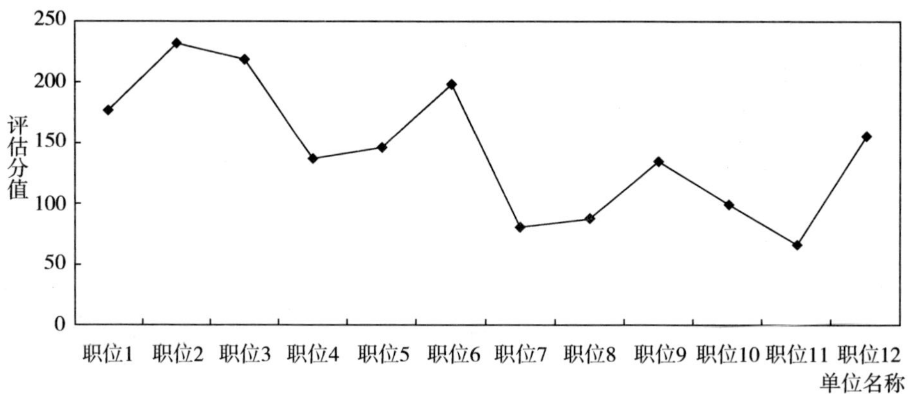

图 4－23　某部门各岗位评估结果平均值分布曲线

◆ 采用分位值作为统计量的展现形式。

需要计算中位数、10 分位、25 分位、75 分位和 90 分位的评估结果。例如，图 4－24 所表现的是某部门各岗位评估结果中位数分布曲线（已排序）。

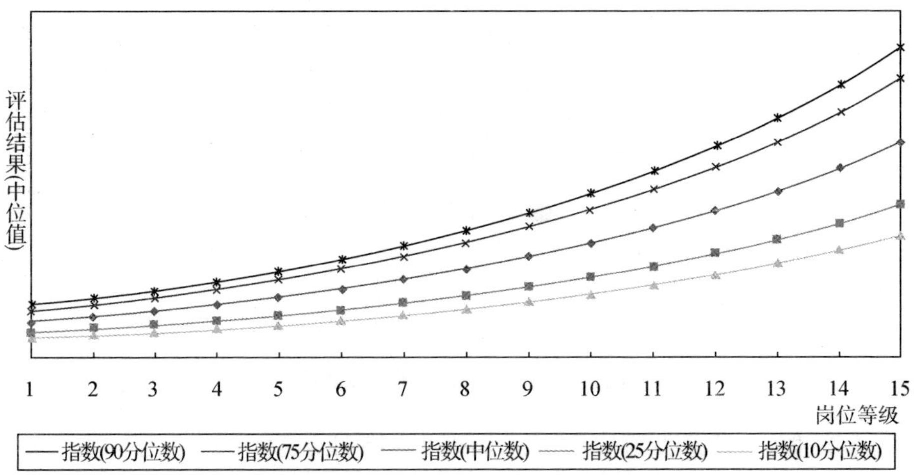

图 4 – 24　某部门各岗位评估结果中位数分布曲线

■ 岗位价值评估关键实施流程及表单

1. 评估小组组建流程

（1）评估小组组建流程图（如图 4 – 25 所示）。

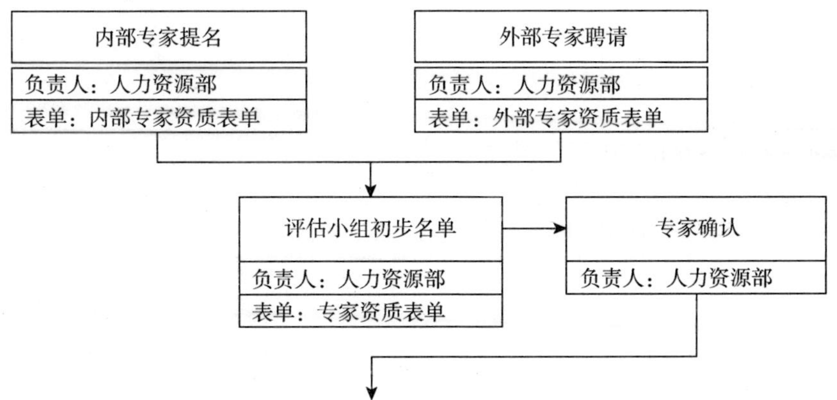

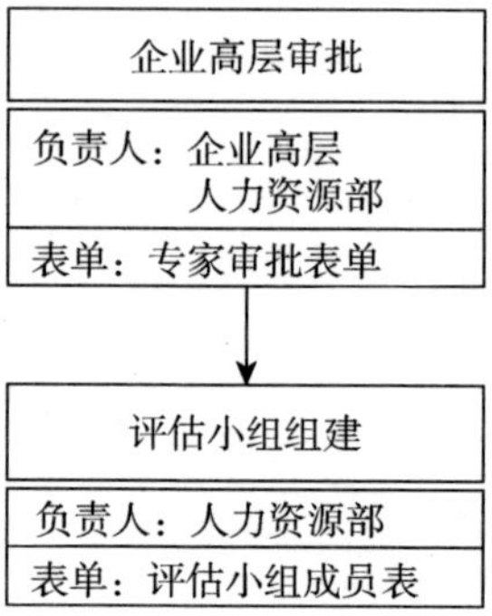

企业高层审批

负责人：企业高层
人力资源部

表单：专家审批表单

↓

评估小组组建

负责人：人力资源部

表单：评估小组成员表

图 4－25　评估小组组建流程图

（2）内、外部专家资质表（如表 4－15 所示）。

表 4－15　内、外部专家资质表单

编号：[　　]

专家姓名		所属单位	
当前岗位		最高岗位任职年限	
年龄		最高学历	
性别		任职时间	
联系方式			
职称等级（专业资质）		职称获取年限	
工作经验：			
适合评估的岗位类别①： （　）全部 （　）部分：请填写适合评估的岗位类别：________________			

提名人：

提名时间：

① 适合评估的岗位类别主要决定了评估人在评估结果中所占的权重。

（3）专家审批表（如表 4－16 所示）。

表 4－16　专家审批表

编号	专家姓名	资质匹配度	适合评估的岗位	对岗位理解程度	审批结果	审批人
1		好（　） 中（　） 差（　）	全部（　） 部分（　） （注明）	好（　） 中（　） 差（　）	同意（　） 不同意（　）	
2						
……						

审批时间：

（4）评估小组成员表（如表 4－17 所示）。

表 4－17　评估小组成员表

编号	专家姓名	所属单位	最高岗位	适合评估的岗位	专家签名
1				全部（　） 部分（　）（注明）	
2					
…					

时间：

2. 评估组织流程

（1）评估组织流程图（如图 4－26 所示）。

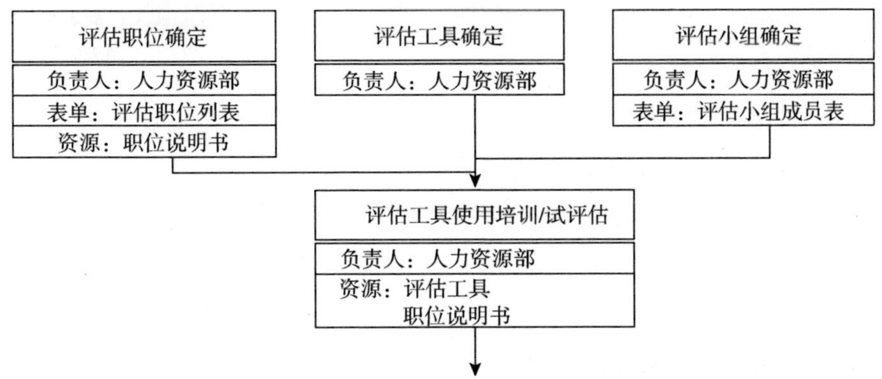

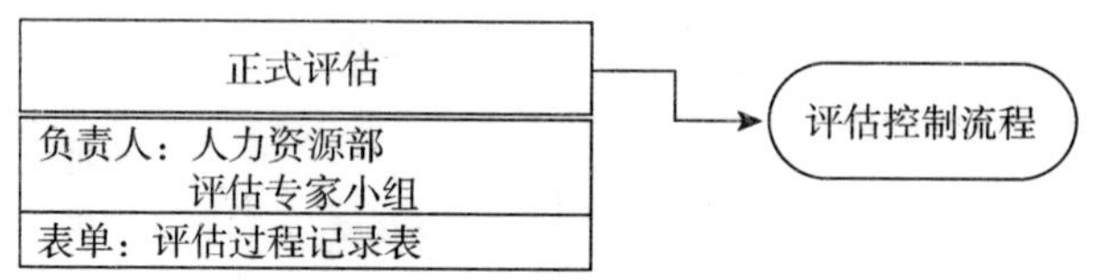

图 4 -26　评估组织流程图

（2）评估岗位列表（如表 4 -18 所示）。

表 4 -18　评估岗位列表

岗位编号	岗位名称	岗位所属单位	岗位类别	岗位级别①	备注
1					
2					
……					

制表人：
制表时间：

（3）评估过程记录表（如表 4 -19 所示）。

表 4 -19　评估过程记录表

评估人：__________

岗位编号	岗位名称	要素 1 得分	要素 2 得分	……	评估结果	评估时间	备注
1							
2							
……							

制表人：
制表时间：

3. 评估控制流程

（1）评估控制流程图（如图 4 -27 所示）。

---

①　岗位级别包括行政级别、技术级别等。岗位级别与岗位类别相关联。例如，岗位类别属于领导类，则岗位级别可能包括部级、处级、科级等。

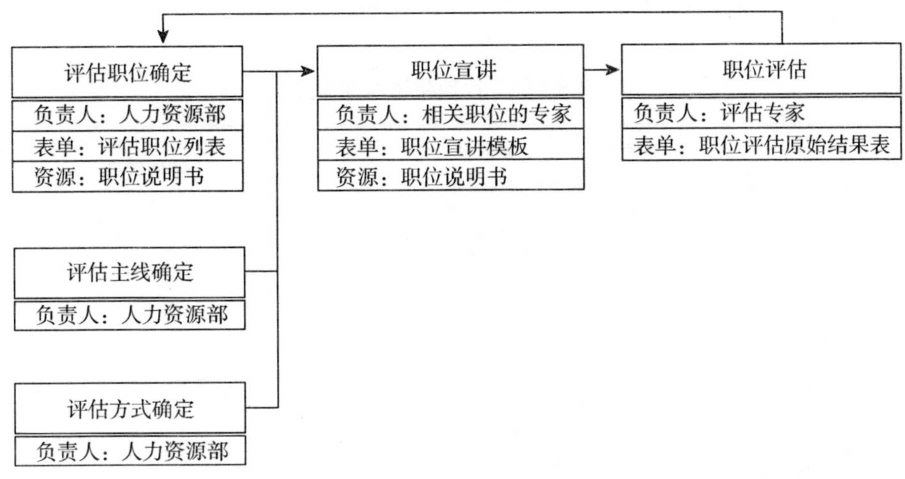

图 4－27　评估控制流程图

（2）岗位宣讲模板（如表 4－20 所示）。

表 4－20　岗位宣讲模板

（1）岗位所属单位简介
（2）岗位所属单位的主要业务、产品和组织架构
（3）岗位所属单位职责
（4）岗位所属单位的关键岗位设置
（5）岗位所属单位的关键岗位介绍（关键职责、任职资格条件、特殊性等）
（6）其他需要说明的内容
注：宣讲过程控制在 10 分钟以内

宣讲人：

宣讲时间：

（3）岗位评估原始结果表（如表 4－21 所示）。

表 4－21　岗位评估原始结果表

编号	评估人	权重	评估时间	岗位编号	岗位名称	岗位类别	所属单位	要素 1	要素 2	……	评估结果
1											
2											
……											

制表日期：

（4）评估结果处理表（如表4－22所示）。

表4－22　评估结果处理表

岗位编号	岗位名称	专家1 评估结果	专家2 评估结果	……	评估结果		
		权重	权重	权重	平均值	中位数	众数
1							
2							
……							

制表人：

制表时间：

第5章　误区五:误认为“高薪就是高激励”

——合理的薪酬结构与薪酬分配方式

案例：H 企业复杂的薪酬结构

2012 年，我为国内一家上市服装类民营企业（下称 H 企业）提供咨询服务。

该企业有职工近 3000 人，大部分为生产工人，占比超过 50%。该企业薪酬体制存在以下几种类型：针对高层管理者的责任工资制（年薪制）、针对一般管理人员和技术人员的岗位绩效工资制、针对销售人员的业绩提成制、针对生产工人的计量工资制。其中，责任工资制是近两年来开始实行的，跟各单位的经营效益和年度绩效挂钩。一般管理人员、销售人员的固定工资比较低，多年来变动幅度很小。每年企业都会根据当地最低工资标准、社会经济状况、当年企业效益和未来预期等因素，对员工薪酬进行调整。该企业从来没有降低过员工收入，每次调整都会适当上调，增加的部分一般都加到浮动工资中，或者通过设置一定形式的补贴发放给员工。

在 H 企业，工作三年左右的员工离职率比较高。人力资源部对每一位离职员工都进行过离职调查，调查结果显示，员工感觉自己缺乏足够的发展空间是最重要的离职原因。另外一个理由也引起了公司的注意，部分员工提到自己自进公司以来，工资基本就没涨过。H 企业的高层很纳闷，让人力资源部统计了一下数据。数据表明近三年来，每年员工收入的平均增幅在 4% 左右，三年下来就上涨了百分之十几，为什么员工还会提出这样的辞职理由？

H企业粗略统计了一下，不包含法定福利的额外福利项目加起来大概有20多项。其中，年功工资、岗位工资、季度绩效工资、年度奖金、提成工资这几项内容是很明确的，与企业工资体制相对应。如果加班工资也算是一个项目的话，这部分也有明确的计算规则和依据。

H企业的各种福利名目繁多，原因有很多。

第一种情况是有的福利在企业发展过程中因特殊情况设置了，但后来没法取消。例如，原先生产线上的工人有高温补贴，办公室人员没有，后来公司换过办公地点，由于刚开始没安装空调，领导决定给办公室人员也加上高温补贴。等后来办公条件改善了，办公室人员的高温补贴再取消就难了，所以就一直保留了下来。

第二种情况与企业的工资体制有很大关系。H企业当时在设计工资标准的时候，没有所谓的“宽带”概念，每个岗位只有一个工资标准，如果岗位不变，所有在这个岗位的工作人员都拿一样的工资。后来，企业意识到这种方式有明显不合理的地方。针对优秀的员工，公司就有意识地多发点奖金，设置的奖励项目很多；针对比较差的员工就少奖或者不奖，从来没有在收入上罚过员工。这样几年下来，“固浮比”明显失衡，浮动部分越来越大。

第三种情况与企业每年涨工资的惯例有关系。企业每年都或多或少地给全体员工涨工资，但是结果没有涨的“地方”，如岗位工资就一个固定数，没有调节空间。那怎么办？企业只好设置一个新名目，给员工固定发放。时间长了，名目越积越多，有时候员工自己都搞不清楚自己的收入结构。

总体上来看，H企业由于这种薪酬调整方式，使员工工资中的浮动部分远多于固定部分。对那些责任工资制的员工，固浮比主要以4:6为主，少部分职能类领导岗位的固浮比在 5∶5，对这类人员的收入比例，企业认为还是比较合理的。生产人员主要是计件工资，有统一的单价计量标准，有的人有固定收入，有的没有，不同的生产厂有区别。销售人员主要是提成制，统一按照 3∶7 的比例进行估算，“7”的部分是根据销售人员实际完成的销售情况来计算实发的。职能人员的薪酬项目最多，比例结构也比较乱，从大体上来看，大概在 6∶4 左右。

目前在离职的员工中，职能类员工所占的比例比较大，销售人员有一部分，不多，计件生产工人更换率比较频繁。

第 1 节　高薪酬不等于高激励

我们需要探讨的问题是，案例中 H 企业的员工收入水平并不低，为什么员工还是不满意呢?

从 H 企业目前的薪酬体制来看，应该说针对不同岗位类型的特点设置的还是比较合适的，关键问题在于薪酬怎么“发放”。同样的待遇，给的方式不同，起到的效果会存在很大的差异。

根据 H 企业的现状，它目前有 20 多项薪酬项目，可能是为了增加工资而设，也可能是为了弥补薪酬结构的不足而设。员工实际上应该是受益了，但是这给企业管理造成了一定程度的复杂性，这是其一。其二，如果从长期的、体系持续性角度来看，这种打补丁的方式无法长久。

所以，H 企业首先需要解决的问题是薪酬结构项目的问题。年功工资、岗位工资、绩效工资、年终奖这几部分是比较清晰的，针对销售、计件员工的薪酬计算规则也是明确的，剩下的就是各种补贴和津贴。

有的补贴和津贴项目需要考虑有无设置的必要。例如，电话费补贴、住房补贴、交通补贴等，这些是全员都享有的薪酬项目，而学历津贴、加班津贴等，这些都可以在其他付薪要素中体现，建议取消。还有一部分企业福利，除法定福利之外，企业是否有必要去设置一些个性化福利，例如，员工带薪休假、出国旅游、外派培训等。

对薪酬结构的分析解决的是员工薪酬基本构成的问题。一般来讲，针对不同类型的员工，薪酬结构应该是有所区别的。这就引申出第二个问题——收入怎么给的问题，这就回到最初提出的问题——员工收入水平并不低，为什么员工还是不满意，即虽然薪酬水平高，但激励效果为什么不一定好的问题。

薪酬对员工的激励效果怎么样，一看薪酬水平的高低，二看薪酬结构与比例。

例如，一位销售员一年的收入 10 万元，首先他的直接感受是这 10 万元的收入，跟自己之前的收入、跟周围的人比较怎么样，甚至他还会跟自己的亲戚、朋友、同龄人比较。通过比较，发现自己的收入不低，他会很满意。我们可以细算下，在这 10 万元的收入中，2 万元是固定工资，其他 8 万元都是靠他自己的销售业绩挣来的，那么这 8 万元的业绩收入对他的激励性肯定非常强，而 2 万元固定工资的作用几乎可以忽略不计。第二年，由于市场萎缩，销售员的业绩相对下滑，他一年的收入才 4 万元。这个时候他考虑的就不仅是那 2 万元的业绩收入低，而且会觉得那 2 万元的固定收入太低。

这个例子说明一个简单的道理：**薪酬比例和分配方式是影响激励效果非常重要的因素。**

此外，员工除了比较当前的收入外，还会对自己今后的收入有个预期。按照公司目前的状况，一岗一薪，员工唯一的“盼头”就是岗位晋升，但是岗位的编制又是有限的，这样就极大地压制了员工对未来收入提高的期望。尽管工资每年都会上涨一定幅度，但是这对员工的激励有限，这不是单纯的“数字”就能解决的问题了。

第 2 节　薪酬结构的三种类型

一般来讲，企业的薪酬结构项目可以划分为三种基本类型：固定标准、浮动标准和规则标准。

固定标准

固定标准不过于区分员工的个体差异，基本没有调整的区间，达到一定标准即可获得固定的薪酬待遇，一般不随个人任职条件或业绩差异而浮动，典型的固定薪酬结构项目包括年功工资、电话补贴、交通补贴等。简单来讲，此类标准是指员工固定拿到的薪酬待遇数额。

例如，某企业规定的薪酬固定标准如表 5－1 所示。

表 5－1　某企业规定的薪酬固定标准

项目名称	定义	示例
年功工资	根据员工在企业连续服务年限而设定的薪酬项目	每增加一年增长 5 元/月
津贴	根据岗位性质和员工任职状态而设定的工资项目	交通补贴： 科级：300 元/月 副处级：500 元/月 处级：800 元/月

续表

项目名称	定义	示例
特殊奖励	针对员工为企业做出的特殊贡献而设定的薪酬项目	论文发表奖： 国家一级刊物：2000 元/篇 国家其他级刊物：1200 元/篇 省级刊物：1000 元/篇 市级刊物：500 元/篇 企业内刊：150 元/篇

浮动标准

浮动标准指根据员工的岗位、任职条件、业绩等因素进行动态调整的薪酬标准。此类标准的制定，往往针对每位员工确定一个标准状态下的薪资数额，因个人的任职资格、业绩等因素，可进行动态调整或动态分配。典型的薪酬结构项目包括岗位工资、绩效工资等。

某企业规定的薪酬浮动标准如表 5－2 所示。

表 5－2　某企业规定的薪酬浮动标准

项目名称	定义	示例
岗位工资	根据岗位职责及重要性而设定的工资项目	科级干部：1800～2500 元/月 处级干部：2500～4000 元/月
绩效工资	根据月度绩效完成状况而设定的工资项目	科级干部： 岗位工资：绩效工资＝7：3 处级干部： 岗位工资：绩效工资＝6：4

规则标准

规则标准指不确定员工的待遇数额，而是明示获取薪酬的条件和规则。根据员工业绩的达成状况来确定他具体实际获取的额度。典型的薪酬结构项目包括年度奖金、业绩提成等。

某企业规定的薪酬规则标准如表 5 – 3 所示。

表 5 – 3　某企业规定的薪酬规则标准

项目名称	定义	示例
业绩提成	根据业绩实际完成情况的一定比例进行提成奖励	业绩提成 = 实际完成的销售任务 ×1.5%
法定福利	根据国家规定设定的“五险一金”	（1）养老保险 （2）医疗保险 （3）失业保险 （4）生育保险 （5）工伤保险 （6）住房公积金
年度奖励	根据企业年度效益和员工年度工作绩效而设定的工资项目	科级干部： 年度奖励标准 = （岗位工资 + 绩效工资）×12 ×0.2 处级干部： 年度奖励标准 = （岗位工资 + 绩效工资）×12 ×0.3
加班费	根据超额工作时间和节假日工作而设定的工资标准	（1）工作日加班：按照员工本人小时工资标准的150% 计算 （2）双休日加班：按照员工本人日或小时工资标准的 200% 计算 （3）节假日加班：按照员工本人日或小时工资标准的 300% 计算

第 3 节　薪酬结构的“3S”设计模型

薪酬结构设计的“3S”（Structure、Scale、System，即薪酬结构、薪酬比例和薪酬体制的缩写）模型如图 5 – 1 所示。

在薪酬结构设计的“3S”模型中，薪酬结构和薪酬比例调整是其

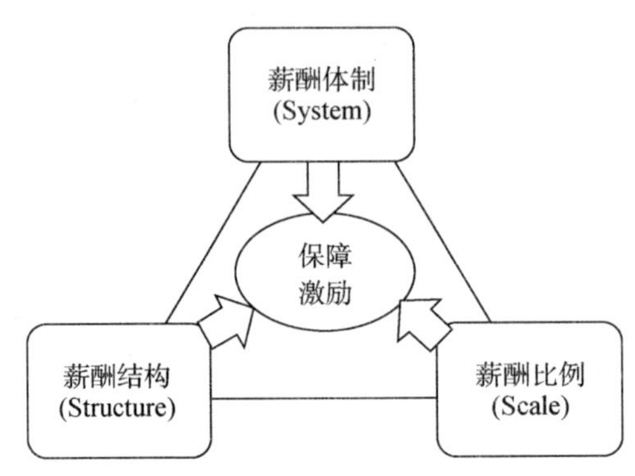

图 5－1　薪酬结构设计的“3S”模型

中的两个方面，考虑问题的出发点还是要从薪酬体制本身来考虑。

常见的薪酬体制主要包括以下五种类型：

（1）岗位绩效工资制：以岗位为基础的薪酬体制。主要的薪酬结构由岗位工资和绩效工资构成。岗位工资制比较适合职能管理人员、工程技术人员等类别。

（2）能力工资制：以员工能力为基础的薪酬体制。主要薪酬结构由能力工资和绩效工资构成。能力工资制的前提是企业建立员工能力管理系统，一般比较适合技术类人员。

（3）业绩提成制：根据完成业绩的好坏进行薪酬支付的薪酬体制。常见的模式是“底薪＋提成”，比较适合销售类人员。

（4）计量工资制：根据完成的工作任务量，以“量”或者“时间”作为计酬依据的薪酬体制。计量工资制比较适合于生产操作类人员。

（5）年薪制：根据年度完成的经营责任或业绩予以付薪的薪酬体制。年薪制主要由基本工资和年薪构成。一般情况下，年薪制比较适合企业中高层、单位负责人等领导岗位。

在具体的薪酬管理职能建设中，针对不同类型的员工，企业需要有不同的薪酬体制支撑。

首先需要重点解决的关键问题是薪酬标准的问题。以 H 企业为例，由于员工几乎没有薪酬调整的空间 ，所以，它可以采用宽带薪酬的方式，给每个岗位设定一定的薪酬区间，目的在于激发员工在即使没有获得岗位提升的情况下，仍然有薪酬提升区间的工作动力。经过调整，员工工资每年都有一定的增幅，有了宽带，这部分增幅就有了"落脚点"。

其次就是要平衡保障性和激励性之间的关系。通常情况下，"比例"是一个很好的解决手段。综合外部大环境、企业经济效益等因素，设定一定比例，这有利于平衡保障和激励之间的平衡性。

各部分薪酬结构的比例确定需要遵循一定的基本原则：岗位等级越高，浮动部分的比例相对大一些；一线业务人员，浮动部分比例相对更大。

根据一些企业的做法，基层职能人员的固浮比可以达到 8∶2 甚至 9∶1，在企业高层领导级别，6∶4、5∶5、4∶6 的比例都可以考虑。针对 H 企业现有人员的薪酬结构和比例，可以考虑适当加大固定部分的比例，这对提升员工的"稳定感"会有比较大的作用。

最后还要注意的问题是，各部分薪酬结构的定义必须明确，并且相互之间尽可能不要有重叠的含义。

我服务过的一家企业，在薪酬体制改革之前，薪酬结构中有一个项目叫学历津贴，后来在改革过程中取消了，将它纳入到岗位工资范围内，并且跟员工个人薪酬标准的确定结合起来，因为在岗位工资里已经包含了学历因素。

企业在进行薪酬体系变革时，通常会面临结构调整问题。薪酬结构的调整会影响到薪酬的分配方式和分配额度，进而影响到员工的工作心态。企业必须要在“稳定性”和“激励性”之间取得平衡，因此，薪酬体系变革的关键在于能否让企业接受，让员工接受。

判断的依据有很多，在此强调两点：一是工资体制改革的时候尽可能不要降低员工工资，或者保持绝大多数员工工资不低于改革之前的水平；二是要强调员工收入构成和分配方式。如果改革后的员工收入没有降低，而分配方式相对更科学合理，这更有利于员工的保障和激励，那么这种改革就可以说是成功的。

第 4 节　三种典型的薪酬分配模式

■ 总额分配模式

从严格意义上来讲，总额分配模式是一种以“单位”为对象的分配方式，例如，企业按照一定的规则核定各部门、事业部或者子公司的年度（月度）薪酬总额。

在国内很多集团性企业中，总额分配模式比较常见。通常的做法分为以下几个步骤：

（1）在每年年末，根据企业当年承诺的经营指标、各单位当年承诺的经营指标和上一年度薪酬总额等因素，核定各单位年度薪酬总额标准和支付方式。

（2）按照月度对各单位进行考核。根据当月各单位完成的经营指标情况，核定当月的实际薪酬总额。

（3）各单位依据薪酬标准，将薪酬总额再进行二次分配（分配到单位内部科室或员工个人）。

总额分配模式的优点是直接与单位的经营效益挂钩，能在一定程度上激发各单位的工作动力。这种模式对公司的要求是，必须掌握、监督各单位薪酬总额进行二次分配的实际状况，否则很容易在企业内部造成一定的“不公平”。

■ 项目制分配模式

项目制的分配方式主要针对以项目作为主营业务模式的情况，例如，工程总承包方式（EPC）、IT 产品开发等，项目制分配方式的对象是“项目团队”。在该种分配模式下，员工的薪酬结构，主要包括固定工资和项目奖金。在大部分采取项目制分配的企业中，固定部分往往按照公司统一的标准进行发放，而项目奖金的分配按以下几个步骤进行：

（1）由企业明确项目团队的奖金总额度。

（2）与项目组确定奖金的分配规则，并明确项目奖金的提取方式，是阶段性提取，还是结项后一次性提取。

（3）根据上述规则，到支付期时，核定项目成员奖金并支付给员工。

项目制分配方式中，关键点是要与项目团队明确奖金总包和计算规则。不同项目的性质和特点不同，例如，有的项目属于“利润中心”，则此类项目奖金分配可以基于项目团队创造的利润大小，作为核算奖金总额的依据；还有的项目属于“成本中心”，或者不直接与经济效益挂钩，则此类项目团队的奖金往往由企业直接承担。从管理的角度来讲，仍需要公司掌握项目奖金在项目团队的具体分配方式等信息。

业绩奖金分配模式

企业在超过年度经营目标时，往往可以从超额部分中拿出一部分作为年度奖金分配给全体员工。在分配过程中，必须要综合考虑各单位的业绩，以及单位内部各员工的年度业绩情况。例如，某企业的业绩奖金分配模式如图 5－2 所示。

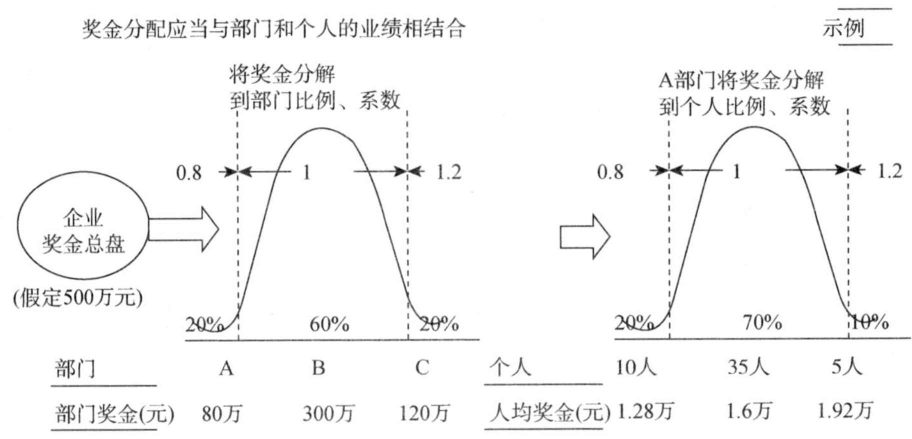

图 5－2　某企业的业绩奖金分配模式

（1）根据各单位、各部门年度经营业绩状况，确定年度奖励分配比例和系数。据此将企业奖金总盘按照一定规则进行一次分配。

（2）按照同样的思路，确定各单位、各部门员工的分配比例和系数，进行奖励二次分配。

第 5 节　解决之术：薪酬结构“3S”模型设计四步法

薪酬结构的设计与企业薪酬策略和薪酬体制有关。薪酬策略明确的是倾斜对象和倾斜力度问题，薪酬体制明确的是不同类型员工的薪酬模式适用性问题。因此，首先明确不同类别的薪酬政策和市场定位，为薪酬结构和比例设计提供依据。

依据“3S”设计模型的四步法，H 企业的问题可以通过以下步骤来解决：

（1）结合企业的经营状况、员工队伍类型，以及战略发展对员工队伍建设侧重点的要求，明确薪酬策略。

H 企业调整后的薪酬策略具体如表 5 – 4 所示。

表 5 – 4　H 企业调整后的薪酬策略

岗位类别		薪酬政策	整体薪酬市场定位
职能类		中高固定、低浮动	核心层和中间层达到市场的 90 分位 骨干层达到市场的 85 分位 基础层达到市场的 70 分位
销售类	销售	低固定、高浮动	
	销售支持	中低固定、中高浮动	
技术类	技术中高层	中固定、中浮动	
	技术基层	高固定、中低浮动	

（2）在策略明确的基础上，分析不同类型员工的特点，进而规范薪酬体制。

H 企业规范后的薪酬体制如表 5 – 5 所示。

表 5－5　H 企业规范后的薪酬体制

岗位类别		基本特点	薪酬体制
职能类		公司支持性的角色定位，以日常任务完成情况作为评判依据。不与经济效益直接挂钩	岗位绩效工资制
销售类	销售	公司主营业务的角色定位，以销售业绩作为评判依据，与经济效益直接挂钩	业绩提成制
	销售支持	公司主营业务的角色定位，以销售业绩作为评判依据，与经济效益直接挂钩	业绩提成制
技术类	技术中高层	公司主营业务的“管理者”角色定位，以年度技术开发任务完成情况作为评判依据，不与经济效益直接挂钩，与技术产品的完成情况直接挂钩	责任工资制（年薪制）
	技术基层	公司主营业务的“实施主体”角色定位，以日常技术开发任务的完成情况作为评判依据，不与经济效益直接挂钩	岗位绩效工资制

（3）明确不同薪酬体制的构成及比例。

H 企业调整后的薪酬结构及比例如表 5－6 所示。

表 5－6　H 企业调整后的薪酬结构及比例

岗位类别		基本特点	岗位工资	绩效工资	业绩提成	年度责任工资	补贴
职能类		岗位绩效工资制	70%	30%	—	—	享受
销售类	销售	业绩提成制	20%	20%	60%	—	享受
	销售支持	业绩提成制	30%	30%	40%	—	享受
技术类	技术中高层	责任工资制	50%		—	50%	享受
	技术基层	岗位绩效工资制	80%	20%	—	—	享受

（4）明确薪酬分配方式。

H 企业调整后的薪酬分配方式如表 5－7 所示。

表 5 –7　H 企业调整后的薪酬分配方式

岗位类别	分配方式
岗位工资	月度固定发放
绩效工资	季度考核发放。季度前两个月全额发放，第三个月按照如下方式计算发放： 季度末最后月份绩效工资 = 季度绩效工资标准额 × 季度绩效考核结果 – 季度前两月累计发放绩效工资总额
业绩提成	根据单笔销售额和年度总体销售额计提： 单笔销售额业绩提成 = 单笔销售额 × 计提比例 ×60% 若年度销售任务完成： 年度销售额业绩提成 = 年度累计销售额合计 × 计提比例 ×40% 若年度销售任务未完成： 年度销售额业绩提成 = 年度累计完成销售额合计 × 计提比例 ×40% × 销售任务完成率
年度责任工资	年度责任工资 = 年度责任工资标准总额 ×50% × 年度绩效考核结果
补贴	按照统一标准、发放周期固定发放

第6章 误区六:缺乏员工个体薪酬确定依据

——员工个人定薪标准

案例：W 企业面临对员工待遇评价标准的困惑

“好”的薪酬体系的评判标准只有两个：一是否符合企业的战略和发展要求，二是否被员工普遍接受。因此，薪酬管理可以从两个角度进行分析，一是从管理角度能否建立基于战略的薪酬管理体系，二是能否最终比较好地落实到员工个体层面。

2008 年，我在为 W 企业提供服务的过程中，发现该企业面临的最大困惑是如何评判员工的待遇标准。W 企业在 2003 年改制后，薪酬体系逐渐走向市场化，采取“三挂钩”原则，即企业薪酬总额与经济效益挂钩，企业薪酬标准与市场挂钩，员工个体薪酬与绩效挂钩。

这个原则在运行之初，员工接受度普遍较高，打破了传统的“大锅饭”局面，根据业绩进行收入分配，在很大程度上激发了员工的积极性。随着企业的发展，员工逐渐对薪酬体系产生不满，问题主要集中在业务单元和非业务单元员工之间的薪酬分配上。在 W 企业，管理人员、技术人员主要采用岗位绩效工资制，而市场人员采用业绩提成制。近年来由于产品的市场环境比较好，销售人员的收入明显高于其他部门员工，有的能高出一般管理人员的 40% 以上，这样在一定程度上造成员工之间的不平衡。

由 W 企业所面临的困惑引发的思考是，确定员工薪酬标准和实际分配的依据是什么？通过薪酬结构和薪酬体制能否解决内部公平性问题？

第1节　员工定薪三要素：岗位、能力、业绩

确定员工薪酬有两个关键问题要解决：一个是员工薪酬标准问题，另一个是员工薪酬分配问题。而影响员工薪酬标准和薪酬分配的因素包括岗位因素、绩效因素、能力因素、态度因素等，因此，如何评判员工的标准薪酬和实际获取的薪酬，需要综合考虑多方面因素。

我们经常会看到一些关于员工定薪的理论，如以岗位定薪、以能力定薪、以业绩定薪等，从现代人力资源管理的角度来看，评判员工的价值并不是单一维度，而是多种因素的综合。因此，回到最初提出的问题，如何确定员工薪酬？

一般来讲，员工薪酬的确定首先与企业的薪酬体制有关。例如，大多数企业的薪酬管理都建立在岗位基础上，采用岗位工资制，这种情况下就应当将岗位因素作为确定薪酬标准和薪酬分配的关键因素。W企业推行岗位绩效工资制，销售人员的收入与自己的业绩挂钩，而业绩又与个人能力、市场环境等因素有关。

因此，在确定员工薪酬标准时，要综合考虑以下三个方面的因素：

（1）岗位因素。根据员工所处岗位，确定其标准薪酬区间。

（2）能力因素。根据员工个人的能力水平，确定其在薪酬区间中的具体位置。

（3）绩效因素。根据员工绩效完成状况，确定其薪酬分配。

薪酬体系的具体设计环节，一般包括以下七个基本步骤：

（1）岗位分层分类设计。首先明确企业的组织架构、机构设置和

岗位设置，对岗位进行分析，明确岗位权责和在整个业务开展过程中的角色定位，在此基础上再进行岗位分层分类设计。

（2）分析各类岗位的特点，根据业务性质，确定不同的薪酬体制。目前企业主要可以采用两种方式，即岗位工资制和业绩提成制。

（3）确定薪酬策略。针对分层分类的员工，确定薪酬导向和薪酬水平。

（4）确定薪酬结构。薪酬结构决定了设计过程中的分配方式、分配标准，因此要根据薪酬策略以及不同类型员工的特点，有针对性地明确薪酬结构项目。

（5）采用“宽带薪酬”的设计理念，根据外部市场标杆岗位的薪酬状况、企业的承受能力等因素，确定各薪酬结构项目的标准水平。

（6）确定个体薪酬标准规则。根据员工个体在能力、业绩、个性等方面的差异，确定员工在“宽带薪酬”中的具体定位规则。

（7）确定薪酬分配和调整方式。简单来讲，从分配角度，就是各部分薪酬项目发放标准、发放周期、发放方式等。调整规则包括总体调整和个体调整，总体调整指由于企业效益变化、外部环境变化引起的公司总体薪酬水平的调整，个体调整指个人业绩、能力水平等因素引起的个体薪酬调整。

其中第（5）步和第（6）步是确定企业和员工薪酬标准的关键环节。

第 2 节　员工定薪的三种模式

很多企业面临的主要困惑是如何判断员工个体在薪酬宽带区间中的定位。也有很多企业，在薪酬变革过程中，面临如何实现新旧体制的转换问题。这些是薪酬能否具体落实到员工的核心问题。

从管理体系的建设角度来看，判断员工个体在薪酬宽带区间中的定位可以采用一定的策略或者方法来解决，但落实到具体人员会比较麻烦，因为既要考虑企业的利益，又要兼顾员工的利益和心态。

■ 员工定薪的三个基本原则

1. 平稳过渡，就近套入

“平稳过渡，就近套入”的指导思想是指保持薪酬水平稳定，不至于在套入新的薪酬体系时由于员工薪酬水平变动太大而导致企业震动。

对应的平稳套入模式的基本步骤是，首先根据岗位等级对应表和员工现有的岗位确定员工的薪酬区间，然后根据员工现在的薪酬水平，在相应的薪酬区间中找到不小于当前薪酬水平的最小值，作为初期套入时新的薪酬水平。

采用这种模式总薪酬测算的结果是总额不会有太大的增长，并且能够保持企业的基本稳定。但从本质上来讲，这种模式只是一种过渡阶段所采取的模式，在套入时对现状不会有太大的改进，还需要靠未来运行新的薪酬体系去逐步完善。

2. 确定平均增资额，就近套入

根据企业薪酬改革策略，确定各层各类人员的薪酬增资水平，然后在薪酬标准表中选择相应的位置就近套入。

企业薪酬改革策略需要回答以下问题：企业能够承受的总体薪酬增长额是多少？企业应当向哪类人员倾斜？哪类人员增资水平要高一些？

例如，某企业确认技术类人员为企业的核心人才队伍。通过薪酬改革，确定各层技术类人员的增资水平，具体如表 6－1 所示。

表 6－1　某企业各层技术类人员的增资水平

技术等级	平均增资额（元）
员级	50
助理级	100
师级	150
分管级	200
主管级	300
副主任级	400
主任级	500

按照员工现有的薪酬水平和平均增资额，在薪酬标准表中找到对应的位置，确定人员新的薪酬水平。

该种套入原则的好处是能够对薪酬总额的增资额进行控制，并且可以针对不同类型、不同层级的人员制定不同的薪酬增资政策，体现企业价值导向，能够对现状有一定程度的改进。但是由于是在原有薪酬水平上确定增资额来进行套改，因此在初期会不可避免地将原有的问题带入到新的薪酬体系中。从这点来讲，仍然需要通过未来体系的运行逐步完善。

3. 严格按照任职标准要求套入

这种原则的基本出发点是对原有薪酬体系进行变革，完全基于岗位任职资格标准要求和人员的任职条件，确定员工的薪酬水平。

这种原则是最“彻底”的一种模式，在任职资格标准和人员认定工作做得充分的前提下，基本上能够消除原有薪酬体系中存在的各种问题。但是很可能会导致两个新问题：薪酬总额的变动不可控；有部分员工的薪酬水平变动较大，对其心理冲击较大。

以岗位工资制为例，在确定员工岗位的前提下，员工薪酬的定位从以下角度来分析和设计：

（1）员工基本条件。包括员工的学历、工龄、企业司龄、职称、技能等级、突出荣誉和贡献等，这些条件可以客观衡量，主要通过举证的方式。

（2）员工能力素质。需要通过对员工能力素质进行测评的方式完成，这项工作需要企业建立比较客观的能力素质模型和评价系统。

（3）员工知识技能。可以通过知识技能测试或者考试的方式进行评价。

（4）员工绩效。依赖于企业的绩效管理系统。一般通过对以往绩效的评估来确定员工的薪酬定位。

假设企业的薪酬标准采用“薪等—薪级”的结构形式，薪等与岗位等级对应，每个薪等划分为若干薪级。参照表6－2，可以根据员工的任职条件确定员工的薪酬等级定位。

表6－2　某企业员工任职的基本条件

<table>
<tr><th>岗位等级</th><th>起始薪级</th><th>调整薪级</th><th>调整依据</th></tr>
<tr><td rowspan="4">8</td><td rowspan="4">2</td><td rowspan="2">+1</td><td>本科学历毕业，专业工龄满5年；具备中级职称或执业资格</td></tr>
<tr><td>大专毕业，专业工龄满8年；具备中级职称或执业资格</td></tr>
<tr><td rowspan="2">+2</td><td>本科学历，专业工龄满8年；具备中级职称或执业资格</td></tr>
<tr><td>硕士学历，专业工龄满5年；具备中级职称或执业资格</td></tr>
</table>

在根据个人条件进行员工薪酬定位时，企业必须要在适用性和科学性之间取得平衡，而且要充分考虑企业的资源投入。如进行能力系统建设是需要投入大量的资源，采用知识技能考试的方式要建立庞大的知识技能库、测试题库等，这些很多企业在短时间内都无法建立起来。

因此，我们可以简化思路。一般来讲，企业可以从员工最基本的任职条件入手进行个人价值定位，然后通过绩效管理系统去评估员工的工作结果。将最基本的任职条件和绩效结果这两类因素纳入员工定薪的基本依据中，最后再根据实际情况逐步完善。

在具体测算过程中应当坚持哪种原则，需要考虑以下三个方面的因素：

（1）企业的承受能力：企业能够承受的薪酬增资额范围。

（2）企业对人才的倾向性：这决定了企业薪酬水平向哪些类型的员工倾斜。

（3）企业高层对薪酬改革的决心。

■ 定薪标准的两种适用情形

一般来讲，在进行员工薪酬定位时，最基本的任职条件在以下两种情形应重点应用：

（1）在给员工初始定级的情况下。一般来讲，初始纳入薪酬体系的员工，需要依据其岗位和岗位等级、个人的任职条件进行定级。

（2）在给员工调整薪酬的情况下。当企业进行薪酬调整，尤其是对员工个体进行薪酬调整时，往往要依据其岗位、业绩、能力等因素进行综合评判，据此确定其薪酬调整空间的大小。一般员工薪酬调整都有一定的周期性，在进行周期性调整的时候需要依据这些因素。

在企业薪酬改革过程中，如果按照员工的岗位和任职条件进行员工薪酬定级，对现有员工薪酬水平、薪酬标准一定会产生影响。作为企业高层，必须要处理好以下三个关键问题：

（1）解决问题的目的是什么。从最初提出问题的角度出发，是希望能够相对更全面、更科学地评估员工“价值”并使其在员工薪酬中得以体现，那么将员工个人因素放入设计过程中考虑非常必要。在这种情况下，薪酬改革会打破员工之间原有的“公平性”，因此企业高层必须要想好应对措施。

（2）解决问题的条件是什么。企业氛围是否支持“赏罚分明”的薪酬政策？当员工薪酬面临增量调整时，企业是否具有调整空间？员工对改革抱有多大的期望？企业高层是否以实际行动支持薪酬改革？

（3）解决问题的策略是什么。薪酬改革只要做到大部分员工“没有不满意”就可以认为是成功了。如果兼顾太多因素，在推行过程势必会遇到很多阻力，比如历史因素，某些小群体的利益因素等，这关键要看企业变革的决心。

任何一家企业进行薪酬改革一定会面临风险，因此首先必须要在企业高层达成共识并做好应对策略，其次要真正了解员工需求和核心问题所在。单纯寄希望于通过技术手段来解决是不现实的。

对于企业不同类型、不同层级的人员，企业可以采用不同的定薪模式，即衡量人员薪酬水平的关键要素，是基于岗位，还是基于能力，或者是以“岗位+能力”作为测算依据。

■ 以“岗位”为基础的员工定薪模式

适合于以岗位晋升为主要晋升手段的企业，特点是“对岗不对人”，严格按照岗位薪酬标准确定人员的工资水平，调整空间不大。在以岗位为基础进行员工定薪时，需要重点考虑如何解决不同部门、相同级别岗位和不同部门、不同级别岗位之间的“平衡性”问题。

以下是某企业确定的管理人员薪酬等级及薪酬标准，具体如表6-3所示。

表 6 –3　某企业管理人员的薪酬等级及薪酬标准

人员姓名	行政级别	薪等	最低岗位薪酬标准（元）	最高岗位薪酬标准（元）	套入结果（元）
张军	处级	13	3800	5000	4200
王涛	副处级	12	3000	4200	3000
李海	科级	11	2500	3700	2500
周建国	副科级	10	2000	3200	2200

岗位是企业管理的最小组织单元。基于员工所处岗位进行薪酬测算，能够比较清晰地界定岗位在层级上的差异，并将差异体现在薪酬水平上。但是，基于岗位的薪酬测算不能够解决人员能力晋升问题，并且无法充分体现相同岗位、不同员工之间的能力差异。

以岗位为基础的薪酬测算更适合于管理类人员。这类人员在企业中具有一定的行政级别（比如，科级干部、处级干部等），并且这类人员的晋升以岗位晋升为主。相反，对于技术人员、技能人员、一般的职能管理人员，单纯从岗位角度进行薪酬测算很可能会限制员工在企业的发展和薪酬水平的提升。

■ 以“能力”为基础的员工定薪模式

适合于以能力晋升为主要晋升手段的企业，特点是从员工能力角度出发，淡化岗位的限制，并且假设能力高的员工贡献大。这种模式的优点在于能够有效地指引员工提升自身能力，保留企业的核心人才。这种模式的前提是需要构建以能力为基础的任职资格和薪酬管理体系。

以下是某企业确定的技术人员的薪酬等级及薪酬标准，具体如表 6 –4 所示。

表 6-4　某企业技术人员的薪酬等级及薪酬标准

人员姓名	技术等级	薪等	最低岗位薪酬标准（元）	最高岗位薪酬标准（元）	套入结果（元）
刘健	主任工程师	14	4800	6000	5000
刘波	副主任工程师	12	3000	4200	3500
邹海涛	主管工程师	10	2000	3200	2400
秦峰	分管工程师	9	1500	2700	1800

以能力为基础的薪酬测算比较适合技术类员工，这类员工不一定会有行政级别，但往往是企业的核心人才。技术人员大多是通过技术水平的高低来体现其层级的差异，并反映在薪酬水平上。

从现代人力资源管理的理念上来讲，“技而优则仕”的晋升模式逐渐被打破，员工在企业的职业生涯发展可以有多条通道选择。因此，以能力为基础的人力资源管理体系越来越为企业所认可，与之相配套的“能力薪酬”也成为一种广泛应用的模式。

■ 以“岗位+能力”为基础的员工定薪模式

在有些情况下，单纯的“岗位”模式或者“能力”模式不一定能够适用，因此，必须将岗位和能力这两者结合起来考虑，形成以“岗位+能力”为基础的员工定薪模式。

例如，同样是薪酬管理员，甲已经工作十几年，乙是一名新进的大学毕业生，无论在经验还是能力方面，甲都有优势。但是由于二人在相同的岗位，做相同的工作，并且工作业绩相同，那么这两个人的薪酬是否应当有差异？如何区分这种差异？又如，两名生产类工人都是技师等级，甲是电工类技师，乙是冲工类技师，同样的技能等级，不同的工种，薪酬水平是否应该相同？

将岗位与能力相结合是解决上述问题的有效方式。一般来讲，首先要根据岗位确定员工的起始薪酬等级，然后根据员工个人的能力确定调整的范围，最后确定员工的薪酬水平。

第 3 节　解决之术：员工定薪三步法

给员工定薪是解决薪酬体系落地的关键。下面通过一个全景案例介绍整个方法体系，R 企业员工定薪设计的基本流程如图 6－1 所示。

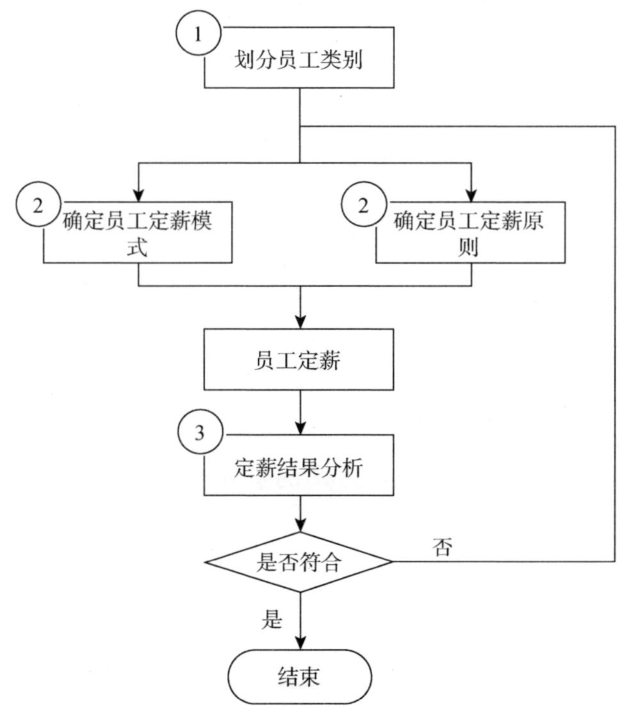

图 6－1　R 企业员工定薪设计的基本流程

■ 步骤一：划分员工类别

根据该企业业务情况，人员类别划分为五类：经营类（副科级以上领导干部）、职能类（职能管理人员）、销售类（销售人员）、技术类（工程技术人员）、操作类（生产工人）。具体划分如图 6－2 所示。

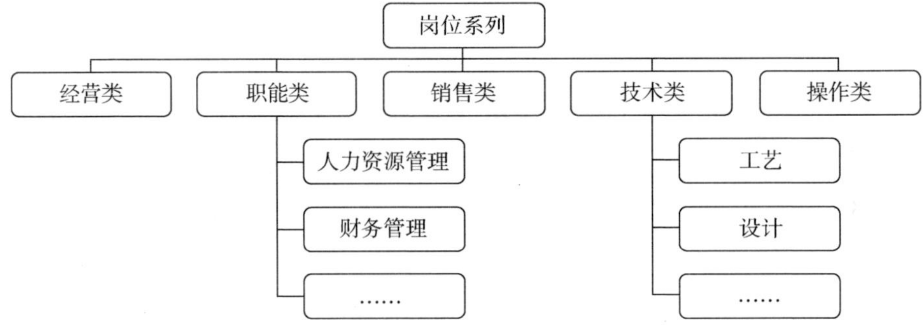

图 6－2　R 企业人员类别的划分

根据上述划分结果，可以将人员进行分类。各类人员的定义如下：

（1）经营类：决定企业或部门的经营和管理大计，对企业或部门的经济效益和管理绩效负责，包括副科级以上领导干部。

（2）职能类：为企业各类管理活动提供方案，并对方案的科学性和可操作性负责，同时承担执行方案的事务性工作，对方案的执行结果负主要责任。

（3）销售类：负责完成企业产品的市场开拓与销售工作，制定解决方案，对方案的科学性、可靠性负责，并对方案执行结果负主要责任。

（4）技术类：为企业技术活动提供技术方案，并对方案的科学性、可靠性和安全性负责；同时承担具体执行方案的事务性工作，对方案的执行结果负具体责任。

（5）操作类：负责企业生产活动的具体执行工作，并对执行结果负主要责任。

步骤二：确定定薪原则与模式

针对不同类别的人员，确定薪酬套入的原则和模式，如表 6－5 所示。

表 6－5　R 企业薪酬套入的原则和模式

人员类别	套入模式	套入原则
经营类	以岗位为基础	按照岗位等级套入
职能类	以“岗位＋能力”为基础	严格按照岗位和任职资格标准要求套入
技术类	以“能力”为基础	严格按照任职资格标准要求套入
操作类	以“岗位＋能力”为基础	确定平均增资额，就近套入

1. 经营类人员

根据员工的岗位确定薪等，根据所在部门的重要程度确定薪级，同时考虑各部门管理岗位之间的平衡性。

根据该企业的具体情况，将管理岗位划分为两大类：一类是职能部门的管理岗位，一类是生产单位的管理岗位。两类岗位分别按照部门的重要性和单位规模进行划分，具体划分如表 6－6 所示。

表 6－6　经营类管理岗位的划分

职能管理部门领导岗位		生产单位领导岗位	
一般性职能部门	其他部门	小规模生产单位	80 人以下生产车间
重要职能部门	生产、技术、质量部门	中等规模生产单位	81～300 人生产车间
		大规模生产单位	300 人以上生产车间

根据表6－5所列原则确定各级别领导干部的岗位工资标准，具体如表6－7所示。

表6－7　经营类管理岗位的工资标准

级别/薪酬/单位	处级			副处级			科级			副科级		
	薪等	薪级	岗位工资（元）	薪等	薪级	岗位工资（元）	薪等	薪级	岗位工资（元）	薪等	薪级	岗位工资（元）
一般性职能部门	12	3	3240	11	3	2800	9	2	2100	8	5	1800
重要职能部门	12	5	3500	11	5	3000	9	4	2300	8	7	2000
小规模生产单位	12	3	3240	11	3	2800	9	2	2100	8	5	1800
中等规模生产单位	12	5	3500	11	5	3000	9	4	2300	8	7	2000
大规模生产单位	12	7	3760	11	7	3200	9	6	2500	8	9	2200

2. 职能类人员

职能类人员定薪模式为“岗位＋能力”。

首先，根据职能管理人员的职级对应表，确定员工的起始岗位等级，具体如表6－8所示。

表6－8　职能类管理人员的起始岗位等级

岗位类别	岗位层级	起始岗位等级							
		1	2	3	4	5	……	14	15
人力资源	公司级				档案管理员	薪酬管理员 绩效管理员 招聘管理员			
	事业部级				人事管理员				

续表

岗位类别	岗位层级	起始岗位等级							
		1	2	3	4	5	……	14	15
财务管理	公司级				出纳	会计 财务管理员			
	事业部级				出纳	会计			
技术管理	公司级				综合管理员	情报分析员 翻译 科技分析员			
	事业部级				综合管理员				
……									

其次，根据人员的任职资格条件，确定需要调整的薪等和薪级，任职资格标准只需符合一项即可，具体如表 6－9 所示。

表 6－9　职能类管理人员调整后的薪等和薪级

任职等级	薪等	薪级	任职资格标准（门槛标准）
三级职员	起始薪等	1	（1）大专学历 （2）专业工龄满 5 年
	起始薪等	2	（1）大专学历，专业工龄满 2 年 （2）本科学历 （3）专业工龄满 8 年
	起始薪等	3	（1）本科学历，专业工龄满 3 年 （2）大专学历，专业工龄满 5 年 （3）专业工龄满 12 年
二级职员	起始薪等	4	（1）本科学历，专业工龄满 5 年，取得助师资格 （2）大专学历，专业工龄满 8 年，取得助师资格 （3）专业工龄满 15 年
	起始薪等	5	（1）本科学历，专业工龄满 8 年，取得助师资格 （2）大专学历，专业工龄满 5 年，取得中级师资格
一级职员	起始薪等 +1	1	（1）本科学历，取得中级师资格 （2）硕士学历 （3）大专学历，专业工龄满 10 年，取得中级师资格

续表

任职等级	薪等	薪级	任职资格标准（门槛标准）
一级职员	起始薪等+1	2	（1）本科学历，取得中级师资格，专业工龄满10年 （2）硕士学历，取得中级师资格，专业工龄满5年
高级职员	起始薪等+1	3	（1）本科学历，取得高级师资格 （2）硕士学历，取得中级师资格，专业工龄满8年
	起始薪等+1	4	（1）硕士学历，取得高级师资格，专业工龄满3年 （2）博士学历
	起始薪等+1	5	（1）硕士学历，取得高级师资格，专业工龄满5年 （2）博士学历，取得高级师资格，专业工龄满3年
资深职员	起始薪等+2	1	（1）硕士学历，取得高级师资格，专业工龄满10年 （2）博士学历，取得高级师资格，专业工龄满8年
	起始薪等+2	2	（1）博士学历，取得高级师资格，专业工龄满10年

例如，某薪酬管理员，起始薪等为5等，其个人条件为本科学历，已经从事专业工作9年，并且已经取得中级师资格。按照上述任职资格条件，可以达到一级职员的任职等级，确定薪等－薪级为6－1。

表6－9中所列举的是最低门槛标准，企业还需要根据其他能力认证条件进行认证。在初期套入时，一级职员（含）以下任职等级的人员直接套入，高级职员及资深职员需经企业薪酬管理委员会认定后方可套入。

最后，根据薪酬标准表进行套入。

3. 技术类人员

技术类人员的套入模式为以“能力”为基础。

首先，根据人员的任职条件确定员工的任职等级，如表6－10所示。

表6－10　技术类人员的任职等级

任职等级	薪等	薪级	任职资格标准（门槛标准）
初级员工	3	2	（1）大专学历 （2）相关专业毕业 （3）从事专业工作满2年

续表

任职等级	薪等	薪级	任职资格标准（门槛标准）
初级员工	3	2	（1）大专学历 （2）相关专业毕业 （3）从事专业工作满 2 年
			（1）大专学历 （2）相关专业毕业
三级员工	4	2	（1）大专学历 （2）相关专业毕业 （3）从事专业工作满 5 年 （4）取得专业初级资格证
			（1）本科学历 （2）相关专业毕业 （3）从事专业工作满 3 年 （4）取得专业初级资格证
二级员工	6	2	（1）大专学历 （2）取得专业初级资格证 （3）作为主要成员参与过 3 个以上重要开发项目
			（1）本科学历 （2）取得专业初级资格证 （3）作为主要成员参与过 2 个以上重要开发项目
			（1）硕士学历 （2）取得专业中级资格证
一级员工	7	2	（1）大专学历 （2）取得中级资格证 （3）作为主要成员参与过 3 个以上重大开发项目 （4）至少负责过 1 个以上重要开发项目
			（1）本科学历 （2）取得中级资格证 （3）作为主要成员参与过 2 个以上重大开发项目 （4）至少负责过 1 个以上重要开发项目
			（1）硕士学历 （2）取得中级资格证 （3）作为主要成员参与过 1 个以上重大开发项目 （4）至少负责过 1 个以上重要开发项目

续表

任职等级	薪等	薪级	任职资格标准（门槛标准）
一级员工	7	2	（1）取得中级资格证 （2）负责过3个以上重大开发项目 （3）专业工作经验满10年
资深员工	11	2	（1）取得高级资格证 （2）负责过5个以上重大开发项目 （3）专业工作经验满15年

表6－10所列举的为最低门槛标准。针对一级员工（含）以下者直接套入，高级员工和资深员工需经企业薪酬管理委员会认定后方可套入。

其次，根据薪酬标准表进行套入。

4. 操作类人员

操作类人员套入模式为“岗位＋能力”。

首先，根据操作类职级对应表，确定各岗位薪等，如表6－11所示。

表6－11　操作类人员的岗位薪等

薪等	岗位
1	清洁工、后勤服务工、执勤工……
2	通讯工、资料管理工、车间助理工……
3	调度工、监督员、绿化工……
4	化学试验工、水处理工……
5	管道工、配电电工……
6	装配工、焊工、机修钳工……
7	车工、镗铣工、气焊工……
……	……

其次，根据技能等级鉴定，确定员工的技能等级。该企业操作类员

工技能等级划分为 5 个级别：初级工、中级工、高级工、技师、高级技师。

最后，确定平均增资原则，如表 6－12 所示。

表 6－12　操作类人员的平均增资原则

技能等级	岗位工资平均增资额（元）
初级工	50
中级工	100
高级工	300
技师	400
高级技师	500

例如，某员工所在岗位为车工，当前岗位工资水平为 800 元，技能等级鉴定结果为高级工。按照表 6－12 所列的增资原则，他调整后的岗位工资应当为 1100 元。按照此标准在薪酬标准表第 7 薪等中，找到不小于 1100 元的最小值，就近套入。

■ 步骤三：定薪结果分析

1. 薪酬总额增长率分析

薪酬总额增长率分析的目的，是要确定薪酬测算完成之后，薪酬变动情况是否为企业和各单位所接受。

（1）企业薪酬总额增长率分析。

在薪酬测算完成之后，企业必须考虑在新的薪酬方案下，企业整体增资额、增资比率是多少。从总体上来看，薪酬总额增长率要受到以下两方面因素的制约：

◆ 企业未来经营状况的预期。

◆ 国家相关政策的约束。

例如，R 企业预期下一年度要实现经营收入增长 13%，实现利润增长 15%。在此预期下，薪酬总额增长率应控制在 10% 以内，这是评估员工薪酬测算结果的重要指标，具体如表 6 – 13 所示。

表 6 – 13　R 企业员工薪酬测算结果

	测算前（元）	测算后（元）	增长额（元）	增长率（%）
年度薪酬总额	11362738	12351296	988558	8.7
月度人均工资	1496	1626	130	8.7

（2）单位薪酬总额增长率分析。

单位薪酬总额增长率分析主要针对以下两种情况：

◆ 企业中存在利润中心，各利润中心的经济效益不同。

◆ 企业中各部门之间原有的薪酬水平不平衡。

各单位薪酬总额增长率分析的目的，是要把握在薪酬测算完成之后，薪酬能否体现出各单位之间的差异，是否能在一定程度上解决原有薪酬不平衡的问题。

R 企业各单位薪酬测算后的结果如表 6 – 14 所示。

表 6 – 14　R 企业各单位薪酬测算结果

单位名称	单位性质	测算前		测算后		增长率（%）
		年总额（元）	人均工资（元）	年总额（元）	人均工资（元）	
HR 部	职能部门	191376	1329	216288	1502	13
财务部	职能部门	158004	1463	166644	1543	5
规划发展部	职能部门	253980	1411	276840	1538	9

续表

单位名称	单位性质	测算前		测算后		增长率（%）
		年总额（元）	人均工资（元）	年总额（元）	人均工资（元）	
工会	职能部门	79488	1104	106920	1485	35
……	……	……	……	……	……	……
事业部 A	利润中心	2384424	1577	2517480	1665	6
事业部 B	利润中心	4503708	1683	4642860	1735	3
……	……	……	……	……	……	……

在原有的薪酬状况下，工会、人力资源部等职能部门的薪酬水平较低。通过薪酬测算，工会的薪酬总额增长率最大，达到 35%，人力资源部为 13%。从人均工资水平来看，人力资源部、财务部、规划发展部等部门大体相当，工会略低。

在若干个事业部中，B 事业部的经济效益最好，人均工资水平相应最高，A 事业部近年来由于效益增长状况明显，未来发展潜力很大。从总额增长率上来看，A 事业部增长率相对较高。

测算结果表明，新的薪酬分配方案比较适合于当前企业的发展现状，能够较好地体现各部门的相对重要程度，各利润中心薪酬总额增长率也能为企业和各单位所接受，测算结果比较理想。

2. 平衡性分析

平衡性分析的目的，是分析测算后各类人员薪酬变动状况，以及薪酬水平之间的差异是否能够体现企业的人才倾向，并分析各类人员的平均工资水平是否具有外部竞争力。平衡性分析需要考虑的因素包括外部市场水平和企业人才倾向。

R 企业薪酬测算后各类岗位的薪酬水平，具体如图 6－3 所示。

通过平衡性分析，职能类管理人员薪酬水平最高可以超过副科级领

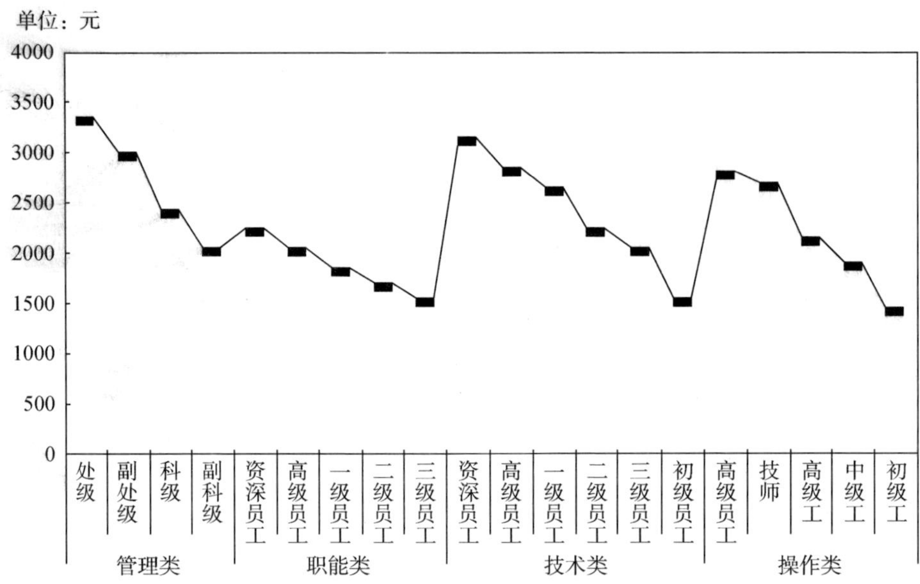

图 6－3　R 企业薪酬测算后各类岗位的薪酬水平

导人员的工资，但略低于科级领导；技术类人员薪酬水平最高可以达到副处级领导干部的水平，操作类人员中的高级技师基本上与技术类高级员工的收入水平相当，超过科级领导干部。管理类和技术类起始薪酬水平大体相当，高于操作类人员。R 企业各类人才层次分布合理。

从整个测算结果来看，薪酬水平基本符合 R 企业“向核心人才倾斜”的理念，即“向高级专业管理人才倾斜，向技术人才和高级技能人才倾斜”，并且与当地的薪酬市场水平比较，也具有一定的竞争力。因而，R 企业对总体测算结果比较满意。

■ 员工定薪的实施过程

员工定薪的实施过程具体如图 6－4 所示，所需表格见表 6－15、表 6－16、表 6－17。

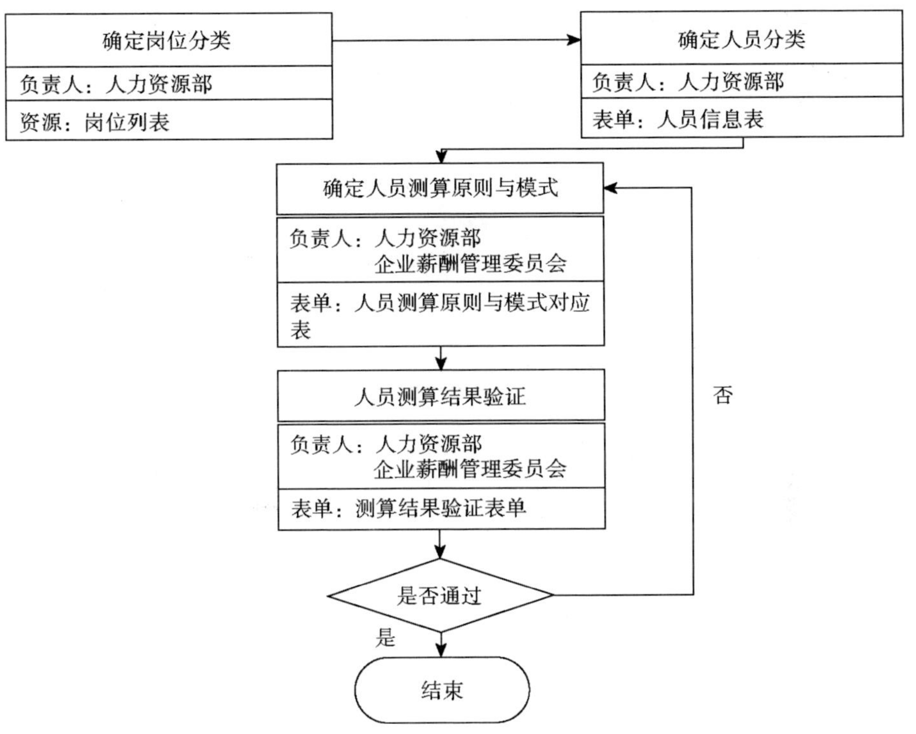

图6－4　员工定薪的实施过程

表6－15　人员信息表

编号	人员姓名	所属单位	所属部门	岗位名称	岗位类别	现有工资	年龄	司龄	最高学历	最高职称	最高职称获取年数	备注
1												
2												
…												

制表日期：

表6－16　人员测算原则与模式对应表

编号	人员姓名	所属单位	所属部门	岗位名称	岗位类别	现有工资	年龄	司龄	最高学历	最高职称	最高职称获取年数	备注
1												
2												
…												

制表日期：

表 6－17　测算结果验证表

<table>
<tr><td colspan="11">总额测算结果验证表</td></tr>
<tr><td colspan="3">测算前</td><td colspan="2">测算后</td><td colspan="2">增长率</td><td colspan="2">期望增长率</td><td colspan="2">能否承受</td></tr>
<tr><td colspan="2">总额</td><td>人均工资</td><td>总额</td><td>人均工资</td><td colspan="2"></td><td colspan="2"></td><td colspan="2"></td></tr>
<tr><td colspan="11">各单位测算结果验证表</td></tr>
<tr><td rowspan="2">编号</td><td rowspan="2">单位名称</td><td rowspan="2">定员人数</td><td colspan="2">测算前</td><td colspan="2">测算后</td><td rowspan="2">增长率</td><td rowspan="2">期望增长率</td><td rowspan="2" colspan="2">是否能承受</td></tr>
<tr><td>总额</td><td>人均工资</td><td>总额</td><td>人均工资</td></tr>
<tr><td>1</td><td></td><td></td><td></td><td></td><td></td><td></td><td></td><td></td><td colspan="2"></td></tr>
<tr><td>2</td><td></td><td></td><td></td><td></td><td></td><td></td><td></td><td></td><td colspan="2"></td></tr>
<tr><td>…</td><td></td><td></td><td></td><td></td><td></td><td></td><td></td><td></td><td colspan="2"></td></tr>
<tr><td colspan="11">各类人员测算结果验证表</td></tr>
<tr><td>编号</td><td>岗位类别</td><td>岗位名称</td><td>岗位等级</td><td>任职等级</td><td>现有人均工资</td><td>测算后的人均工资</td><td>人均工资增长率</td><td>人均工资排名</td><td colspan="2">备注</td></tr>
<tr><td>1</td><td></td><td></td><td></td><td></td><td></td><td></td><td></td><td></td><td colspan="2"></td></tr>
<tr><td>2</td><td></td><td></td><td></td><td></td><td></td><td></td><td></td><td></td><td colspan="2"></td></tr>
<tr><td>…</td><td></td><td></td><td></td><td></td><td></td><td></td><td></td><td></td><td colspan="2"></td></tr>
</table>

制表日期：

第7章　误区七：薪酬体系缺乏后期运行维护

——薪酬动态调整方式

案例：Y 企业面临的薪酬调整需求

2006 年，我为一家大型上市国有企业（以下称 Y 企业）服务。该企业前身成立于解放前，是一家具有悠久历史的“老”企业。企业职工近 20000 人，工种涵盖类型比较全，以生产制造型员工为主，占员工总数的 60% 以上。该企业最初实行基础工资制，员工收入主要由基础工资（年功工资）、基本工资（按照当地最低工资标准设定）、浮动工资（根据业绩和单位工资总额进行分配）、补贴及津贴等构成。年底，Y 企业根据公司效益和国资委核定的年度薪酬总额确定年度奖金。从收入水平来讲，Y 企业员工的收入在当地属于中上水平。

该企业目前薪酬体系面临的主要问题有三个：第一，工资体系不统一、不明确。同样的工种，在不同的单位，收入结构和收入水平差别很大。第二，由于结构上的不统一，造成员工工资收入的比例极其不合理，极端的情况甚至出现固浮比达到 1∶9。第三，缺乏调薪依据和工资总额管控的有效方式。

从 2006 年底该企业完成薪酬体系设计至今，体系已经运行了将近 7 个年头。从整体运行状况来看，效果良好。如果将整个体系设计划分为两个阶段的话，一个阶段是通过技术来解决系统设计的问题，另一个是设计运行过程中的维护问题。

2008 年底，我与该企业的负责人进行过一次深度交流，从交流中我得知该企业在薪酬管理系统设计完成后，试运行了一年时间，并于

2008年1月正式全面实行。2009年，体系正式运行一年有余，根据设计要求，Y企业需要对员工薪酬进行调整与维护，即将面临调整问题。

Y企业计划在当年年底调整，2010年1月实施更新。Y企业初步确定2010年的工资总额增长在8%左右。自2006年设计完成之后，员工总体的反映不错，积极的方面是大家普遍感觉公平了，而且薪酬结构清晰，每个人基本上都知道自己应该能拿多少，做到什么程度能拿多少。

按照改革之前的方式，企业每年都将工资涨的部分增加到浮动部分中，通过设立新名目或单纯地增加额度的方式，而这部分最不好控制。原先很多员工感觉不公平，跟这种调整方式有很大关系。2009年度工资总额增长有8%的上浮空间，从操作层面上看，这部分钱应当怎么发放，按照什么标准发放，而且不能对薪酬体系造成冲击。面临调整，员工的期望又被激发出来。所以，这次调整怎么做才能既保持公平，又让员工有足够的信心，是Y企业重点考虑的问题。

第1节　薪酬调整的两种类型：总体调整与个体调整

一般来讲，企业管理可以分成三个层面：一是策略，二是专业或技术，三是运行。一般来讲，策略和专业解决的是管理体系的建设问题，运行解决的是体系价值如何发挥、如何持续发挥的问题。薪酬体系的调整问题，就属于运行问题。

单纯就薪酬改革来讲，唯一的评判标准就是薪酬调整是否能够为企业绝大多数员工所普遍接受。结合案例Y企业所面临的问题，企业做薪酬调整，需要把握以下几个基本原则：

(1) **调整不能对薪酬体系造成冲击。**员工对改革后的薪酬体系已经普遍接受，这种效果来之不易，薪酬调整必须保持薪酬体系的稳定性。

(2) **公平。**以 Y 企业为例，2009 年工资总额上浮有 8% 的空间，不是说每个人的工资都上浮 8%。薪酬体系调整通常包括两种类型：一个是普调，每年企业都可能面临社会环境、企业经营效益的变化，这种变化对所有人都会产生影响。这种调整是针对“外部公平性”进行的调整；另一个是个体调整，必须针对那些表现好、业绩好、能力强的人有所激励。这种调整主要针对“内部公平性”。

(3) **清晰。**在薪酬体系设计中，要求薪酬调整按规则进行并且公示，因此，这个规则就必须要遵守，既然员工已经比较“清楚”了，这种清晰性就必须保持下去。

■ 总体调整

薪酬总体调整是“普调”的概念，在总体调整过程中，最忌讳的问题是为了涨薪而单独设置一个薪酬项目或者名目，最终普调变成了“打补丁”。总体调整与员工薪酬的结构和比例有关，普调的结果是要保持原有的薪酬结构和比例相对不变。

普调一般有两种方式：一种方式是针对所有员工，按照一定的比例普遍上涨，例如，所有员工的岗位工资上浮一定的额度或比例。另外一种方式是针对所有员工，在其薪酬等级区间内上调一档。

“薪点工资”是一种比较好的薪酬形式，尤其在薪酬普调环节具有比较好的灵活性。

以“薪点工资”为例，在操作上，Y 企业可以按照“同比”方式上调，将每个薪点的薪点值增加，原来 1 个薪点 1 元钱，可以增加 3% ~ 4%，这样 1 个薪点就变成 1.03 元或者 1.04 元。也可以按照“普调档”的方式，保持每个人的薪点值不变，薪酬等级普遍上调若干档。按照这种方式进行调整，需要注意的是每档增幅空间有多大（与企业薪酬标准设计有关），若增幅空间过大，可能会导致普调增资额超出预期。

这两种调整方式，均可以达到普调目的，并且不改变原有的薪酬结构、薪酬比例。在为众多企业提供咨询服务过程中，我根据经验建议采用第一种方式，毕竟调档有“晋升”的意思在里面，并且压缩了未来员工薪酬调整的空间，而普调的方式是针对所有人的收入水平进行调整，而非晋升调整。

在这里，以“薪点工资”为例，简单介绍一下上调比例的确定方式。假设 Y 企业全年工资总额为 A，根据绩效考核结果，对员工进行盘点，计算出调整后（岗位调整或薪档调整）的所有员工的所有薪点数 C。确定一个薪酬总额调整幅度，假设总额上调 a，其中普调比例是 b（$b<a$），那么薪点值的计算方式如下：

$$\text{薪点值} = [A \times (1+b) - \text{固定薪酬}] / C$$

其中，固定薪酬是指年功工资、各种固定补贴、津贴、自助福利等。原则上来讲，普调比例 b 控制在总额增长的 50% 以内比较合适，即 $b \leq (a \times 50\%)$。

■ 个体调整

对员工个人的薪酬调整则与员工的业绩、能力、工作状态等综合因素有关。基本思路是：对于业绩优秀、能力突出的，并且岗位不发生变化的员工，可以在原有薪酬等级不变的前提下，内部上调 1～2 个薪档。对于岗位发生变化的员工，可以先根据新的岗位对应的薪酬水平就近套入，然后再按照上述个体调整规则进行调整。

在实际操作过程中，需要企业有员工能力评价系统、绩效管理系统作为支撑。以 Y 企业案例中，由于该企业没有建立完善的员工能力评价系统，所以以绩效作为主要调整依据，附加对员工基本任职能力的认定。

调整过程是首先盘点岗位发生变化的员工，针对这部分员工，按照“就近就高”原则套入。其次，以上一年绩效考核结果作为薪档调整依据，如表 7－1 所示。

表 7－1　绩效考核结果及薪档调整数

绩效考核结果	薪档调整数
优秀	+2
优良	+1
合格	0
待改进	-1
差	-2

需要提及的是，在绩效管理体系中，应当对员工考核结果进行比例控制，以便于控制员工薪酬的总体上涨幅度。

第2节　解决之术：薪酬调整三步法

以Y企业为例，年度薪酬调整落实到实施层，具体操作可以划分为以下三个步骤，如图7－1所示。

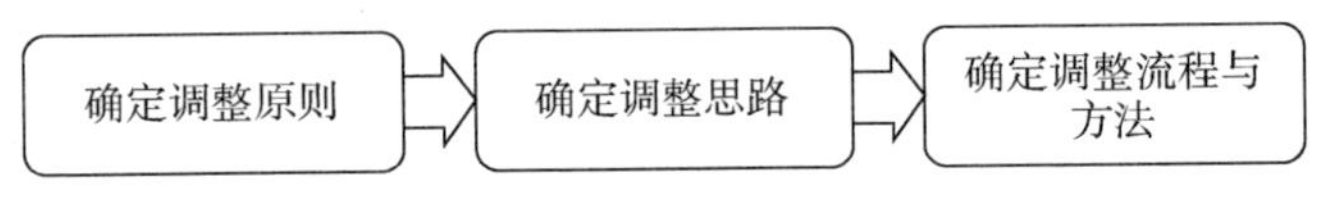

图7－1　Y企业年度薪酬调整步骤

■ 第一步：确定调整原则

（1）价值导向原则：通过员工业绩、员工任职条件等，反映员工贡献，向价值创造大的员工倾斜。

（2）总额控制原则：在调整员工个体薪酬水平的同时，必须控制在公司薪酬总额调整幅度范围之内。

（3）内部公平原则：保持岗位等级之间薪酬标准的差异性。

（4）结构控制原则：控制固定部分和浮动部分的比例，严格按照薪点工资标准进行调整。

■ 第二步：确定调整思路

调整思路的确定要考虑不同的薪酬项目，主要分年功工资和薪点工资调整。

1. 年功工资

目前在 Y 企业中，年功工资仍是作为员工收入中的一个重要组成部分，其主要作用体现在两个方面：其一，年功工资是员工固定收入中的重要组成部分，发挥“保障性”功能的作用。其二，年功工资是企业对“老员工”的一种表示。

工资体系改革既要朝前看，又要兼顾历史和企业稳定，适当提高年功工资可以在一定程度上提高固定工资在员工工资收入中的比例，同时可以适当降低“老员工”的不满情绪，有利于保持企业的和谐与稳定。因此，Y 企业在下一年度薪酬调整过程中，考虑适当提高基础工资标准。

2. 薪点工资调整

薪点工资是员工薪酬收入的主体构成。在调整过程中，重点依据员工的任职条件变化、绩效考核结果等内容，严格按照企业薪酬调整规则，对岗位工资及绩效工资薪点标准进行调整。调整方式主要包括以下两种：

（1）对员工个体而言，依据员工个体调整方法，通过调整其薪酬等级、薪档等方式，调整其岗位工资薪点数和绩效工资薪点数。

（2）对企业和各单位而言，依据企业整体经营业绩、薪酬总额控制办法，以及各单位的年度经营状况等因素，调整岗位工资和绩效工资薪点值。

在调整岗位薪点工资时，不对企业薪酬标准表进行调整，以达到控制固定工资与浮动工资比例的目的。

第三步：确定调整流程与方法

在具体的操作中，薪酬调整可以划分为三个基本步骤。薪酬调整的主体流程如图 7－2 所示。

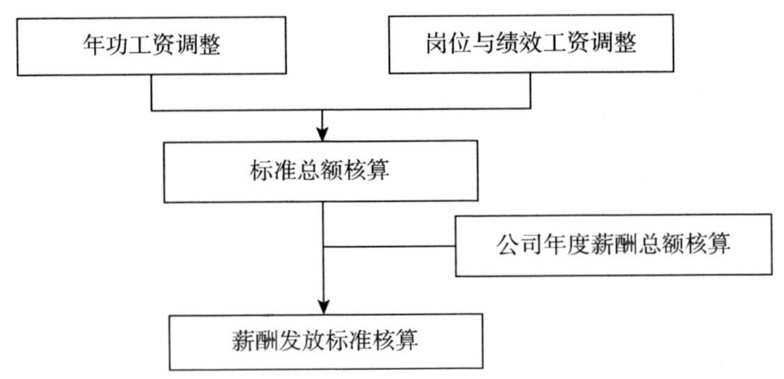

图 7－2　薪酬调整的主体流程

1. 年功工资调整

年功工资调整属于“普调”。年功工资不考虑单位绩效、员工绩效、员工任职条件等因素，主要依据员工在本公司中的连续工作年限确定。主要通过对员工在公司司龄盘点后，按照年功工资标准和规则进行调整。

2. 岗位与绩效工资调整

岗位工资与绩效工资薪点数调整属于“个体”调整。根据 2009 年员工个体的任职条件变化、绩效考核结果、岗位异动结果和薪酬调整规则，确定员工薪酬等级、薪档的调整数量，并按照“就近就高”原则确定员工的薪点标准。

3. 标准总额核算

标准总额是指年功工资、岗位工资、绩效工资，以及各项补贴等相对明确的项目总额。若标准总额核算后的结果符合公司总体增资控制要求，则可以按照相应标准进行调整发放。若与公司总体增资控制要求有所差异，则调整岗位工资和绩效工资薪点值，以在保证岗位工资和绩效工资相对比例不变的情况下，保证员工薪酬调整结果在公司总体范围内。

总体核算步骤如下：第一，核算员工的基础工资和各项补贴总额；第二，核算本单位员工岗位工资和绩效工资薪点数总额；第三，根据单位薪酬总额，扣除基础工资和各项补贴总额后，计算岗位工资和绩效工资薪点值。

根据调整结果，计算公司岗位工资薪点值和各单位员工绩效工资薪点值，分别设计年度岗位工资和绩效工资实际发放标准表。

此外，在薪酬调整环节，组织计划非常重要，这件事情应该由人力资源部牵头，但是必须要各个单位配合。在开始实施之前，把组织过程规划一下，具体如表7－2所示。

表7－2　薪酬调整前组织过程规划表

序号	工作内容	工作结果	工作分担
1	员工基本任职资格条件梳理	明确基本符合工资晋升人员名单	各单位人事员
2	员工年度绩效考核结果汇总	年度考核结果汇总表、考核台帐	各单位人事员
3	异动员工的名单汇总、申报	异动员工申报表，异动后员工工资总额	各单位人事员
4	按照年度薪酬调整规则制定调整方案	年度薪酬调整方案	人力资源部，薪酬管理委员会
5	工资调整表审批	工资调整通知单	人力资源部
6	工资变更登记	工资卡、聘任合同书	各单位人事员、人力资源部

第8章　误区八：长期激励无法产生长期效用

——长期激励机制设计

案例：Z 企业视长期激励为“最后一根救命稻草”

2009 年，我与一家从事房地产开发和营销的企业（以下称 Z 企业）进行过深度合作。该公司 2003 年在北京开展业务，到 2009 年，已有上百亿元资产。Z 企业最初以营销为主要业务，2007 年开始加大房地产开发力度。该公司的执行效率非常高，公司整体经营业绩良好，公司中高层人员的收入普遍较高。随着公司业务的继续发展与扩张，单纯的高薪酬已经无法满足核心人员的需求，对此部分人的薪酬激励效果递减效应非常明显。如果这部分人产生变动，对公司整体运营的影响非常大。因此，企业领导层希望能够通过建立长效激励机制，进一步激励和保留核心人才。

企业高层经过长时间思考，认为通过经济激励手段，建立长期激励手段和措施，已经是留住那些高管的“最后一根救命稻草”。

第 1 节　长效激励机制实施的阶段适用性

长效激励机制不是对激励系统“打补丁”，而是要与短期激励形成有效结合，激发员工的长期工作动力。长效激励机制实施的前提是，必须要与企业的发展阶段相结合，充分考虑实施的资源条件。

“长期激励手段和措施是留住那些高管的‘最后一根救命稻草’”，这句话可能有些绝对。长效激励机制推行的可行性受到企业发展条件和经营效益，以及未来发展空间等因素的制约。一般来讲，长效激励机制在不同阶段有不同的适用性。

（1）初创期。通常针对企业“创始人”或者核心骨干，可以通过股权等长期激励形式，以未来企业的发展空间为“预期”对员工进行激励。

（2）发展期。当企业进入快速成长阶段，对未来发展空间的预期相对更为明确，企业具有一定的资产、资金支撑。而在员工队伍中，员工需求尤其是核心员工的需求更为强烈和重要，在此情况下，企业可以考虑实施长效激励计划，或者适当扩大激励范围。需要注意的是，在此阶段，企业发展仍面临很大的不确定性，业务规模的快速扩张仍然是企业运营的核心。侧重于短期高激励，还是中长期激励是企业面临的抉择。

（3）成熟期。业务相对成熟，经济效益相对良好，能够保持企业的平稳增长。在此阶段，企业具备了能够实施长效激励的经济条件，可以适当让渡或者分部分“股权”给核心员工甚至是全体员工。

以前与一家企业老板交流的时候，我非常赞同这位企业老板的观点。他们当时正在推行期权激励，这位企业老板说：“我只给三类人期权。第一类就是那些一直跟着我创业的人，企业能做到今天，虽然他们当中有些人可能已经不适应现在企业发展的节奏，但是他们的历史贡献不能抹掉。”给我印象最深的是，他说有位清洁工，从他开始创业，一直到现在，中间走了好几茬人，这位清洁工一直跟着他，每天将公司收拾得干干净净，从来没有过旷工或者有让他不满意的地方。在一般人看来，在大多数企业，这个岗位属于辅助性的岗位，一般人干不长久，但是这位清洁工能坚持这么久，一直跟随他，让他非常感动。这就是我们所说的愿意与企业共同成长的人。

“第二类人是现在干得出色的，动力十足，不满足于现状的人。这些人今天干得很好，我要激励他们今后干得更好。”这就是我们所说的骨干、核心员工，并且愿意跟企业共同发展的人。

“第三类人是今后可能来我的企业，并且会对企业发展起到关键作用的人。”

这三类人总结下来，就是激励过去，激励现在，激励未来。

建立长效薪酬机制的核心作用是形成对员工的长期激励，并且对员工长期工作具有足够的吸引力。另外，要区分建立长效薪酬机制的目的，不能简单地因为面临员工离职风险就考虑建立长效薪酬机制。一般来讲，**长效薪酬机制的目的，是要让员工长期地、持续地参与到企业价值创造过程中，并且长期分享企业所创造的价值。**

但很多企业考虑问题的出发点往往是，短期激励已经对员工产生不了“刺激”作用了，在这种情况下，只有推出长期激励来才能激发员工的工作热情。这种出发点是完全错误的。

曾经在与一家企业的高管进行沟通时，这位高管告诉我，他们企业刚开始启动长效激励机制时，员工工作特别有劲头，恨不得把一个小时掰成两个小时用，目的就是为了获得享受股权的机会。等拿到股权了，头两年工作热情还凑合，差不多还能放 80% 的精力到工作中。两年之后，基本上是 50% 的时间留给自己，30% 的时间留给家人朋友，放到工作上的时间也就 20% 。长期激励的效果比短期激励还要“短”，员工拿到股权之时，基本上也就是长期激励失效之日。

因此，在长效激励机制建立过程中，首先需要判断企业推行长效激励的可行性，其次确定目的和对象。

例如，我曾经接触的一家提出要实行期权激励的企业，一共17个人，除一个是创始人，其他的都是陆续招入的员工，工龄最长的不到3年。大事小事都是老板一个人说了算，员工基本都是“办事员”。而实施股权激励，老板的想法很简单，主要是想让员工分担一部分自己的工作压力，为了让员工有“干劲”而实施的。其实这种想法是不科学的。

推行长期激励，一是要有明确的激励对象，二是要确定激励来源。一般来讲，企业做到一定规模，具有可以进行长期激励的经济条件的时候推行比较现实，否则都是空中楼阁。当然，如果刚开始创业，约定几个股东，那是另外一回事儿。刚才介绍的那家企业，之所以不现实，是因为公司的盈利状况并不是很好，核心人才队伍没有建立起来，用这种很“虚”的东西去激励全体员工，可行性不大。

第2节　长效激励机制设计四步法

针对Z企业，现行的发展阶段、员工收入水平，再加上Z企业所处行业的特点，长效薪酬非常重要。

按照现在企业的经营状况，具有可行性。首先，公司资产规模很大，经营业绩很好，而且未来还有持续增长的空间，这就让员工有“够得到”的预期。第二，现在业务比较成熟，员工队伍的层次、结构等都比较合理，这样从对激励对象的确定上来讲相对比较容易，比较清晰。所以，Z 企业如果考虑建立这个体系的话，需要确定好激励对象。那些核心的、忠诚的、努力的员工，都可以放到考虑范围之内。但是要让员工“够得到”，能够真正与企业分享长期价值。

经过分析，Z 企业确定采用股票期权的形式作为长效激励手段。

关于长效激励的形式比较多，比如股权，期权等。笼统地讲，两种基本形式。一种是股权的形式，一种是现金的形式。再细分还可以划分出很多，常见的形式比如股票期权、虚拟股票、业绩股票、股票增值权、长期奖金计划等。

长效激励机制的设计包括四个要点：

（1）确定激励来源。无论以股权形式还是现金形式，要具有足够的激励额度和增值空间，并且可以量化到可衡量的单位。

（2）确定激励对象。与长效激励建立的目的有关，可以针对部分核心员工，也可以针对全体员工（员工持股计划）。需要注意的是，明确激励对象的同时还需要明确激励额度。

（3）确定分配方式。明确员工获取长效激励机会的条件、周期、额度、方式等。

（4）确定分享机制。要对长效激励机制对企业长久发展和员工长期获益的益处进行评估，并确定分享计划及管理方式。

■ 确定激励来源

在 Z 企业的案例中，Z 企业面临的问题是它在发展中从来没有“股份”的概念，如何确定长效激励的来源和形式？

股份制企业在进行长效激励机制设计时，要有可分配的依据和计量单位。对于没有明确“股份”概念的企业，首先是要找到计量单位。在实际操作过程中，也就是要确定激励来源，通常做法是将公司的净资产折合成股份数。

一般来讲，为便于计量，可以以“1”为单位，例如，企业共有40亿元的净资产，可以折合成40亿股份，1股1元钱。享有股权激励的员工未来享受的就是净资产增值所带来的收益。在这种操作方式下，公司需要每年对净资产进行盘点核实。

在激励来源确定过程中，需要考虑的第二个问题是如何确定激励额度，即在满足对员工长效激励的同时，避免企业股权或资产的过度分散或流失。通常来讲，这需要控制分配额度在整个“股份”中的比重。

■ 确定激励对象

激励对象的确定可以根据企业的意愿进行。原则上讲，激励对象应该是对公司做出过巨大贡献、正在为公司做出贡献的非常重要的核心员工。此外，为避免激励的“短期效应”，尽可能不要一次性全部分配，要留存一部分分期分配。公司可以设定一系列的标准，例如，在企业中的工龄，所做的贡献，所处的岗位层级，过往的经验等，具体如表8－1所示。

表8－1　公司确定激励对象的标准

选取标准	岗级	年限	业绩
依据任职岗位和司龄所确定的激励对象	18	司龄满5年的员工	连续两年销售额5000万元，或5年累计销售额2000万元
	17～15	司龄满7年的员工	……
	14～10	司龄满10年的员工	……
	……	……	……

续表

选取标准	岗级	年限	业绩
由董事长特别提名的激励对象	（1）连续 3 年评定结果为优秀的员工 （2）对公司做出突出历史贡献的员工 （3）对公司未来发展发挥重要作用的员工 （4）个人能力特别突出的员工		

■ 确定分配方式

分配方式的具体设计过程主要包括以下三个基本环节，具体如图 8－1 所示：

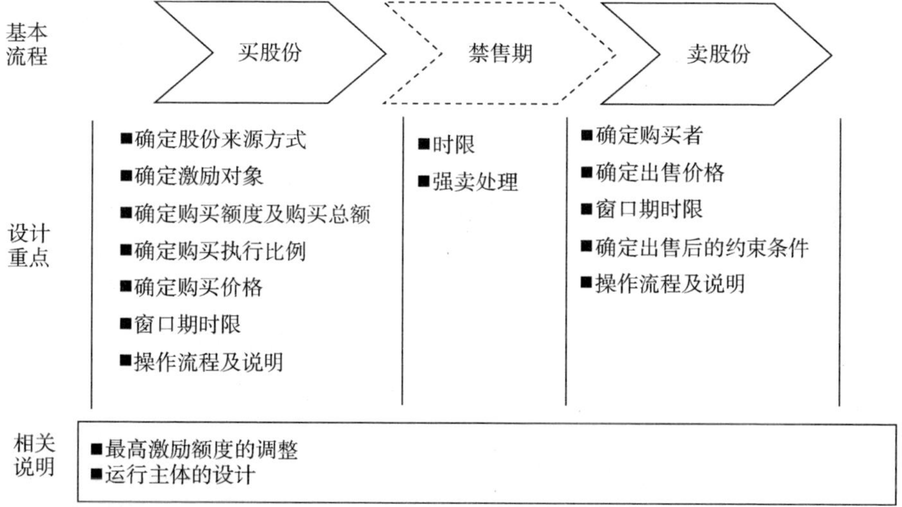

图 8－1　分配方式的具体设计过程

股份具体由企业赠送还是由员工购买，需要由企业决定。在买的环节，企业需要确定的问题包括股份来源、激励对象、购买的份额及总额、执行比例、购买价格、窗口期时限、购买的操作流程及说明等。其中，股份来源和激励对象已经在前面介绍过。

企业的股份份额具体应该分配多少，需要考虑的重要因素包括对治理结构的影响，是否合规合法，对员工的激励效果，员工购买能力等。一般可以先确定企业总体可让渡的股份总额，在此基础上确定不同人员的分配额度。如，某公司有10亿股，计划让渡总额度是10%，也就是1亿股，那么对于激励对象的分配额度标准就可以进行划分，具体如表8－2所示。

表8－2　某公司激励对象的购买份额划分

激励对象的岗级	最高激励额度	计划授予人数	股份总额（万股）
18	200万股	2	400
17	150万股	4	600
16	100万股	4	400
15	80万股	4	320
14	60万股	4	240
13	30万股	6	180
12	20万股	6	120
……	……	……	……
合计	1亿股	……	……

股份是一次性购买，还是分期购买，这就是所谓的执行比例的问题。以购买为例，企业通常可以采用一次性购买、平均分摊购买、递减购买、递增购买等方式。企业往往会约定窗口期，规定激励对象在统一的时间段内集中购买，这样方便管理。一般来讲，过了窗口期还没有被购买的全部或者部分股份就视为自动弃权，没有被购买的剩余部分也不会滚动到下一个购买窗口期内。

关于购买价格，是指企业授予员工“股份”之日的价格。例如，股份今年折算的股价是1股1元，当年以这个价格给员工。明年净资产增加了，变成1股1.2元，如果明年这些员工还没有履行出售的权利，那么他们购买的价格仍然是 1 股 1 元。假如明年再授予一部分人股份，他们的购买价格就是 1.2 元。因此，如果企业效益好，股价持续上涨，那么员工越早购买获得的收益就越大。

一般来讲，整个购买的流程分为以下四个步骤：

第一，要有专门的机构负责决策，确定购买人资格，确定具体哪些员工可以享受，这需要企业的统一标准，每年盘点一次。

第二，要对公司"股价"进行核定，比如每年对公司净资产进行盘点后折算成"股价"。

第三，确定获取额度和获取方式，比如总共可以获取多少，是一次性还是分阶段等。

第四，进行凭证、财务等的处理、备案。

具体如图 8－2 所示。

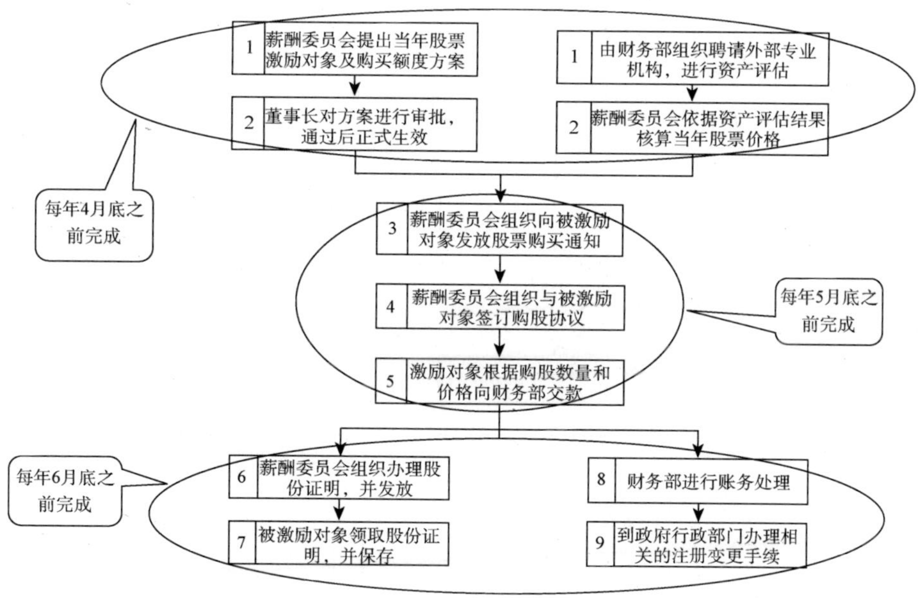

图 8－2　股份的购买流程

确定分享机制

这有两个概念需要解释，第一个是“禁售”。企业一般都会设置一个禁售期，比如在获取后的一段时间内禁止员工兑现。时间可以设置为一年。设置禁售期的目的是避免员工的“短期”行为。

另外一个概念是“出售”，这个阶段是员工获取利益回报的阶段。**这里面有四个要点：出售价格、出售额度、出售时间、出售对象。**

出售价格是按照出售时点的价格来确定，就像买卖股票，只有“低买高卖”才能赚钱。企业内部也是一样，企业效益好，股票增值了，股票价格就上涨。

出售额度是指员工一次性出让多少，约束条件是以员工已经获取的

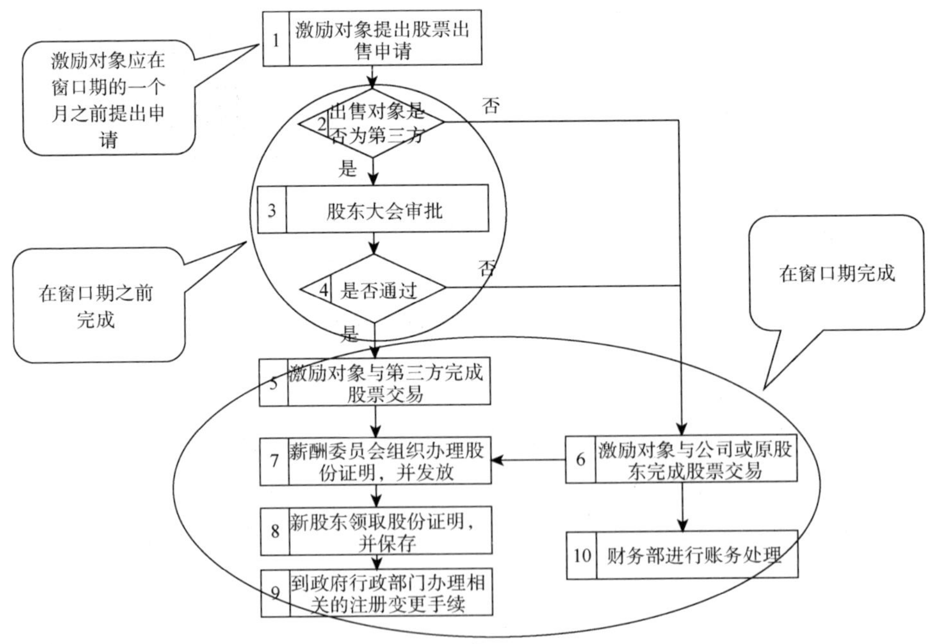

图8－3　员工股份的出售流程

份额为上限。注意，一般的企业规定，卖出后的额度员工就不能再买入，员工持股毕竟不是在炒公司内部的股票，否则长效激励就变成了内部二级市场。

出售时间需要有明确规定，比如，每年 5 月和 10 月作为统一出售时间。

关于出售对象，对企业规定的做法是由企业回购，回购后的额度纳入公司“股票池”，这样可以避免股权的流失。当然有的也不排斥出售给第三方，但是要经过公司严格审核。

具体流程如表 8－3 所示。

■ “异动”的应对处理

前面介绍的是长效激励机制设计的基本要点和过程。除此之外，还有些细节需要企业关注。比如，员工在履行过程中发生一些变化，如岗位变动、辞职、被解聘、丧失劳动能力、死亡等情况，企业关于这些情况的规定要明确。

还有一个需要关注的是，长期激励的管理主体是以员工个人名义直接持股，或通过员工持股会进行管理，或通过员工持股公司管理，还是采用员工持股信托的方式，这些都需要结合企业的实际情况来规范。

第 3 节　解决之术：实施案例

■ 案例一：股权激励模拟实施案例

以某房地产开发公司实施股权激励方案为例，该公司未上市，以公司净资产折算股权作为激励来源，实行内部股权激励。

1. 准备阶段

成立持股公司，主要由股东会和财务部组成。其中，股东会为持股公司内部股权激励的最高决策机构，财务部的工作主要定位于在持股公司内部股权激励方案具体执行的事务性工作。

为了明晰公司与持股公司的关系，公司成立股东会和人力资源管理委员会。其中，公司股东会作为整个企业股权激励计划的决策机构，人力资源管理委员会作为整个企业股权激励计划的执行机构。

2. 实施过程

持股公司占公司股份的10%，另外90%由公司原股东继续持有。公司决定股权激励计划自2010年开始实施。

（1）2010年。

2010年4月，公司聘请A资产评估公司对2010年3月31日公司净资产进行评估，评估结果为40亿元。按照每股1元，公司股份总量为40亿。按照比例，持股公司持有4亿的股本。

按照股东入股条件，2010年公司确定28个人具有入股的资格。经过公司股东大会审议，28个人可全部参与入股。根据股本购入标准，每个人均获取购入上限股本的资格。其中，甲、乙、丙三个人的可购入股本上限分别为200万、100万和40万股。要求所有入股人员必须在5月份之内完成。假定当年合计有3500万股出售（占到持股公司的8.75%），此时公司总资产变为40.35亿元。持股公司财务部负责相关的台帐工作，财务处理工作统一由公司财务部负责。

由于持股公司股东份额发生变化，此时持股公司的股本结构变为：公司原始股东占60%，2010年新股东占8.75%，另有31.25%为持股公司库存股。

2010年持股公司的股东中，甲2010年5月购入100万股本，乙购入50万股本，丙购入40万股本。按照规定，甲和乙需要在2011年5月、2012年5月购齐股本。丙由于在2010年一次性购买所有股本，未来3年在岗位不发生变动的情况下，将没有继续购买股本的资格。所有获取股本购买资格的员工，原则上在未来一年之内均不可以出售此部分股本。

此时，公司人力资源管理委员会负责组织、持股公司财务部负责与新股东签订《股份购买协议》，并按照新股东实际购买的股份数量，为股东签订"股权凭证"。股权凭证只保留原本，由持股公司财务部负责保管。股权凭证将根据股东股份变化及时调整。

（2）2011年。

2011年4月，公司继续聘用A资产评估公司对公司2011年3月31日净资产进行评估，评估结果为净资产增长到50亿元。因此，本年度在尚未引入新股东的情况下，有两项前期工作需要处理：

◆ 分红，采用"送转股"的方式进行分红。

经过核算并由公司股东大会通过，确定"买10送1"的方式。此时总股份数量为44亿股，其中持股公司持有4.4亿股。此时，在持股公司内部，原股东持有2.64亿股，库存股数量为1.375亿股，2010年的新股东持有3850万股。

在2010年确定的股东中，甲股份数量变化为110万股，乙为55万股，丙为44万股（按照当期实际持有的股份数量进行分红）。

◆ 股价确定。

在2011年4月30日之前，确定股价1.136元（50/44＝1.136元/股），股价需经过公司股东大会审议通过后公示。

假定2011年有21个人符合入股基本条件，经过审查21个人全部可以入股，但是其中3人可购买股份数量为其上限的60%，其余18人可购入其上限股份。假定2011年新股东合计实际购入股份数量为2000万股（按照1.136元/股的价格购入）。

在2010年确定的新股东中，甲和乙由于没有一次性购入所有可购买股份，因此，2011年二人仍享有继续购买的资格。甲在2011年以1.136元/股的价格购入了50万股，乙在2011年以1.136元/股的价格购入了50万股。此时，甲、乙、丙三人实际持有的股份数量分别为160万股、105万股、44万股。持股公司依据各股东持有的实际股份数量办理股权凭证。

送转股可以随时出售。丙决定出售当年送转股4万股，按照1.136元/股的价格（即当年的交易价格）套现4.544万元。此时，其实际持有的股份数量为40万股，出售的4万股转入持股公司库存股，持股公司的股份结构为：

原始股东持有2.64亿股（60%），库存股数量为1.1754亿股（26.71%），新股东股份总额为5846万股（13.29%）。

（3）2012年。

2012年4月，公司继续聘用A资产评估公司对公司2012年3月31日净资产进行评估，评估结果为净资产增长到55亿元。假定本年度由公司股东大会决议通过不分红，则在不增加新股东的情况下，股份总量及比例结构未发生变化，此时股价变动为1.25元/股（55/44 = 1.25元/股）。

按照股东入股基本条件，本年度有18人符合入股资格。经过公司股东会审议全部通过，均获取可购入股份上限的资格。假定2012年新股东实际购入的股份总量为2000万股（按照1.25元/股的价格）。

假定甲在2012年岗位发生变化，其可以购入的股份上限调整为400万股。此时，其在2012年之后的3年之内（2012、2013、2014年），可购入股份总量变化为250万股（400－150＝250万股）。

乙在2012年实际持有的股份数量为105万股，此时，其决定出售20万股，其中，5万股为2011年的送转股，15万股为其现金购入的股份，套现25万元。假定其岗位未发生变化（即可购入的股份上限未调整）的情况下，在后续年限内每年的5月份，均有资格再行购入5万股（即送转股不占用其股份上限配额），但是出售的15万股现金股将不能再行购入。假定其岗位后来发生变化（可购入股份上限调整为130万股），则禁售期内出售的股份不再影响其可购入股份总量，未来3年其可购入股份数量为45万股（130－85＝45万股）。

此时，2012年持股公司的股份结构为：原始股东2.64亿股（60%），库存股0.9774亿股（22.21%），新股东7826万股（5846＋2000－20＝7826万股）（17.79%）。

（4）2013年。

2012年4月，公司继续聘用A资产评估公司对公司2012年3月31日净资产进行评估，评估结果为净资产增长到60亿元。假定本年度由公司股东大会决议通过不分红，则在不增加新股东的情况下，股份总量及比例结构未发生变化，此时股价变动为1.364元/股（60/44＝1.364元/股）。

假设甲员工在本年度由于个人原因主动辞职，则其持有的160万股将分3年由公司匀速购回。2013年持股公司购回数量为53.3万股，回购总价为72.27万元。后续两年之内，若不分红，均按照当期交易价格，每年由持股公司回购53.3万股。

假设乙员工在本年度丧失劳动能力，则其现持有实际股份数量（85 万股）的 50%（42.5 万股）必须由持股公司按照当期交易价格一次性回购，另外持有的 50% 在 3 年之后由公司按照当期交易价格一次性回购。

假设丙员工在本年度降职，其可持有的股份上限调整为 25 万股，超出（实际持有 40 万股）的 15 万股必须由持股公司按照当期交易价格完成一次性回购。

回购的股份数量均纳入持股公司库存股。

■ 案例二：股票增值权激励实施案例

以某大型国有企业为例。该企业在 2009 年起决定在内部推行长效激励。经过分析与研究，决定采用股票增值权方式实施内部激励。

1. 授权

经过分析，通过对甲的经营业绩、管理能力、综合能力水平以及资历等的综合评估后，确定甲的股权数量为 20 万股。在 2010 年 5 月之前一次性授予其权利（一般来讲，为净资产核算完成之后一个月内授权）。

2. 兑现

（1）2011 年。

2011 年甲即可兑现。假设 2010 年核算后的公司净资产为 16.79 亿元，增长率为 15%，此时每股价格为 1.15 元。假设甲员工 2011 年不兑现，此时其股份数量仍为 20 万股，总价值为 23 万元。“股票增值权”不需要激励对象出资购买，不配股，不分红。此时甲的实际收益为 3 万元（20 ×0. 15 =3 万元）。

（2）2012 年。

2012 年甲可以兑现。假设 2011 年核算后的公司净资产为 19. 3 亿元，增长率为 15%，此时每股价格为 1. 32 元，此时甲的股份总价值为 26. 4 万元（20 ×1. 32 =26. 4 万元）。

假设甲在 2012 年出售其初始股份的 25%，即 5 万股。出售股份总价值为 6. 6 万元（20 ×25% ×1. 32 =6. 6 万元），其获取的收益为 1. 6 万元（6. 6 –20 ×25% ×1 =1. 6 万元）。

此时，甲实际拥有的股份数量调整为 15 万股，股份总价值为 19. 8 万元（15 ×1. 32 =19. 8 万元）。

（3）2013 年。

2013 年可以兑现。假设 2012 年核算后的公司净资产为 22. 2 亿元，增长率为 15%，此时每股价格为 1. 52 元，此时甲的股份总价值为 22. 8 万元（15 ×1. 52 =22. 8 万元）

假设甲在 2012 年出售其初始股份的 25%，即 5 万股。出售股份总价值为 7. 6 万元（20 ×25% ×1. 52 =7. 6 万元），其获取是收益为 2. 6 万元（7. 6 –20 ×25% ×1 =2. 6 万元）。此时，甲实际拥有的股份数量调整为 10 万股，股份总价值为 15. 2 万元（10 ×1. 52 =15. 2 万元）。

（4）2014 –2015 年。

假设甲在 2014 –2015 年分别以初始股份的 25% 售出。分析过程同（3）。

根据上述模拟过程，甲在各年的股份数量、股份总价值以及实际收益等状况如表 8 –3 所示。

表 8-3 甲在 2014-2015 年的股份数量、股份总价值以及实际收益

年度	股份数量（万股）			当年股价（元）	股份总价值（万元）	兑现收益（万元）
	年初持有数量	售出数量	年末持有数量			
2010	20	0	20	1	20	0
2011	20	0	20	1.15	23	0
2012	20	5	15	1.32	26.4	1.6
2013	15	5	10	1.52	22.8	2.6
2014	10	5	5	1.75	1.75	3.75
2015	5	5	0	2.01	10.05	5.05
合计						13

案例三：现金激励实施案例

以某生产制造型民营企业为例，介绍现金激励方案的实施过程。该企业确定激励对象为 10 人。

1. 授权

以甲员工为例。经过分析，通过对甲的经营业绩、管理能力、综合能力水平以及资历等的综合评估后，确定甲在激励总额中享有的分配权力为 10%。在 2010 年 5 月之前一次性授予其权利。

2. 兑现

（1）2011 年。

2011 年甲即可兑现。假设 2010 年核算后的公司净利润为 2.93 亿元，增长率为 15%。其中，目标值为 2.86 亿元，超额利润为 0.07 亿元。2011 年激励总额为 14 万元（0.07 ×2% ×10000 = 14 万元）。根据甲所拥有的分配权比例（10%），其当年可供分配的激励总额为 1.4 万

元。假设甲当年不兑现，则其分配权比例仍为 10%。

（2）2012 年。

2012 年甲可以兑现。假设 2011 年核算后的公司净利润为 3.37 亿元，增长率为 15%。其中，目标值为 3.28 亿元，超额利润为 0.09 亿元。2012 年激励总额为 32 万元（0.09 × 2% × 10000 + 14 = 32 万元）。根据甲所拥有的分配权比例（10%），其当年可供分配的激励总额为 3.2 万元。

假设甲当年出售初始分配权的 50%，则其当年可提取的现金总额为 1.6 万元。此时公司激励总额为 30.4 万元（32 − 1.6 = 30.4 万元）。各激励对象的分配权变化情况如表 8 − 4 所示。

表 8 − 4　2012 年各激励对象的分配权变化情况

激励对象	初始比例（%）	可分配额度（%）	提取额度（%）	剩余额度（%）	现有分配权（%）
甲	10	3.2	1.6	1.6	5.3
乙	10	3.2	0	3.2	10.5
丙	10	3.2	0	3.2	10.5
丁	10	3.2	0	3.2	10.5
戊	10	3.2	0	3.2	10.5
己	10	3.2	0	3.2	10.5
庚	10	3.2	0	3.2	10.5
辛	10	3.2	0	3.2	10.5
壬	10	3.2	0	3.2	10.5
癸	10	3.2	0	3.2	10.5
合计	100	32	1.6	30.4	100

注：现有分配权数据除甲外，其他为无限小数，因此合计结果四舍五入。

（3）2013 年。

2013 年甲可以兑现。假设 2012 年核算后的公司净利润为 3.88 亿元，增长率为15%。其中，目标值为3.77亿元，超额利润为0.11亿元。2013年激励总额为52.8万元（0.11×2%×10000+30.8=52.8万元）。根据甲所拥有的分配权比例（5.3%），其当年可供分配的激励总额为2.8万元。

假设甲当年出售初始分配权的50%，则其当年可提取的现金总额为2.8万元。各激励对象的分配权变化情况如表8-5所示。

表8-5　2013年各激励对象的分配权变化情况

激励对象	初始比例（%）	可分配额度（%）	提取额度（%）	剩余额度（%）	现有分配权（%）
甲	5.3	2.80	2.8	0.00	0.0
乙	10.5	5.54	0	5.54	11.1
丙	10.5	5.54	0	5.54	11.1
丁	10.5	5.54	0	5.54	11.1
戊	10.5	5.54	0	5.54	11.1
己	10.5	5.54	0	5.54	11.1
庚	10.5	5.54	0	5.54	11.1
辛	10.5	5.54	0	5.54	11.1
壬	10.5	5.54	0	5.54	11.1
癸	10.5	5.54	0	5.54	11.1
合计	100	52.66	2.8	49.86	100

注：现有分配权数据除甲外，其他为无限小数，因此合计结果四舍五入。

博瑞森管理丛书

更多实战好书，请关注“**博瑞森图书直营店—淘宝网**”

http://qiyeshudian.taobao.com/

宋新宇博士『简单』系列	 让管理回归简单 （升级版） 从目标、组织、决策、授权、人才、自我管理出发，提出最实用的解决方法	让经营回归简单 （升级版） 从战略、客户、产品、员工、成长和经营管理者入手抓住企业经营的关键	 让用人回归简单 深度剖析用人的原则、难题、误区、方法，以及用人者的修炼，解决企业的用人难题
7 个转变，让公司 3 年胜出 李蓓　著	在消费者主权时代，从生产、营销、服务到组织管理，给出企业转型升级的具体操作路径	 升级你的营销组织 程绍珊　吴越舟　著	本土第 1 部营销组织实战专著，用有机性的营销组织力代替“营销能人”，打造战略统一、策略灵活、执行力强的高绩效营销队伍
 边干边学做老板 黄中强　著	一位创业 20 多年的民企老板的肺腑之言，带给老板 86 个实用忠告	 产品炼金术 史贤龙　著	告诉你打造畅销品的新思维与好方法
 卖轮子：选择最佳营销方式 【美】杰夫・科克斯等著	从新产品上市到市场成熟和企业转型，一个故事轻松把握营销精髓	 涨价也能卖到翻 【日】村松达夫　著	让每个顾客在你的产品上、在你的店里掏出更多的钱，让你的东西涨价也能卖到翻

续表

公司由小到大要过哪些坎 卢强　著	能长大的企业是有规律可循的，会依次经历试错、突围和转型3个阶段，让企业看清位置，并对接下来的路有所了解	成为优秀的快消品区域经理 伯建新　著	掌控市场+内部管理+常见误区+工具箱+自我提升，37个"怎么办"全面系统分析区域经理的工作关键点
华夏基石方法：企业文化落地本土实践 王祥伍　谭俊峰　著	作者10年积累、原创方法、一线资料，毫无保留奉献，是企业文化落地真正有洞察力和实操价值的一本书	跳出同质思维，从跟随到领先 郭剑　著	有效的思维框架和工具、66个企业案例深度剖析，帮助企业突破行业长期思维惯性，发现大片蓝海
传统行业如何用网络拿订单 张进　著	国内第1部针对中小企业的网络实战指导图书，作者以自己10多年的网络营销经验和研究积累为基础，为你带来最具实战性的建议	用流程解放管理者 张国祥　著	国内第1部针对企业的流程管理实战图书！实现流程管理从无到有、从有到全

书名及作者	内容简介
中层领导力 【韩】崔秉权等著	帮助中层管理者认清自身管理上的不足，快速提升领导力，更好地激发团队工作热情，实现下属、自身、企业的多赢
学话术　卖产品 张小虎　著	分析常见的顾客异议，提出破解方案，将复杂的销售程序化，将优秀的话术模块化，让普通导购员也能成为销售精英
为什么你的公司没长大 田友龙　著	本书将小老板的众生相在笔端刻画得淋漓尽致，更值得小老板们反复思量
营销破局八大策略 崔自三　著	本书为企业在营销过程中各个层面的问题给出了精细、系统的解决方案，旨在帮助企业走出营销困局
公司的浪费是如何产生的 刘孝明　著	作者针对企业里各种浪费现象并结合现实场景，直指造成浪费的根源，提示管理者及时堵住各类漏洞
中小企业如何建品牌 梁小平　著	国内第1部中小企业建品牌操作实务型图书。作者结合丰富的品牌咨询经验和亲身指导案例，分四步指导企业自建品牌
一位销售经理的工作心得 蒋军　著	专为销售管理者而著的实战指导图书。从实际出发，作者用自己的亲身经历给予读者来自管理一线的经验

续表

书名及作者	内容简介
用数字解放营销人 黄润霖　著	从营销中的各个问题出发，教会读者如何运用“营销的数字技术”，并能够运用公式和真实可见的数据赢得市场和管理团队
麻烦就是需求，难题就是商机 卢根鑫　著	通过从顾客身上不断发掘顾客真正强烈的价值需求，选择合适的产品载体，帮你挖掘出市场真实需要的商机
本土化人力资源管理8大思维 周剑　著	立足中国本土实践，针对民营中小企业的独特的人力资源问题提出了一个系统、实用的新理论，从实际出发，帮助中小企业重新认识和解决企业中人的问题
用流程解放管理者2 中小企业规范化管理 张国祥　著	规范化管理不再是大企业的专利。张国祥老师将企业规范化管理的各个方面系统地讲述出来，为中小企业的规范化管理指明方向，值得广大中小企业借鉴
阿米巴经营的中国模式 李志华　著	阿米巴经营理论来自于管理学泰斗稻盛和夫，本书将该理论进行了中国本土化的发散和拓展，形成一套专业完整的体系，具有很强的工具性及学术、实战价值
集团化人力资源管理实践 李小勇　著	系统性阐述了集团化人力资源管理方面的内容，适合集团企业的人力资源专业人员阅读学习
老板、经理人双赢之道 陈明　著	从企业家和经理人尤其是“空降经理人”共生的角度出发，发现问题、化解矛盾，让沟通变得简单、透明，让双方实现共赢
走出薪酬管理误区 全怀周　著	本书梳理了薪酬体系构建中常见的8个误区，针对这8个误区，分别给出分析和解决方法
企业文化的逻辑 王祥伍　著	从这部书里，可以透彻的了解文化、了解企业文化的根源，同时又不是高深和脱离实际的学术观点，读者会从中获得知识、得到点拨，或是感叹原来如此
快消品营销与渠道管理 谭长春　著	本书立足快消品行业，帮助老板、营销总监、区域经理等各层管理者解决自己日常涉及的员工管理和渠道管理事务
招招见销量的营销常识 刘文新　著	全面解开你的销量之谜，读完本书，你的每一个营销动作都可以提高销量、降低成本
回归本源看绩效 孙波　著	企业对于绩效管理的应用可能进入了神秘化和技术化的误区，本书回归绩效管理的概念和本质，梳理绩效与企业经营的关系
企业文化激活沟通 宋杼宸　安琪　著	企业文化对于组织沟通状况的影响是根本性的。本书系统阐述沟通与企业文化的关系，帮助企业构建提升沟通效能的企业文化解决方案

博瑞森行业丛书

书名及作者	内容简介
白酒营销的第一本书 唐江华　著	国内第1部白酒营销实战指导图书，帮你打开白酒营销大门
白酒经销商的第一本书 唐江华　著	第1部写给白酒经销商的实战全指导，为你答疑解惑

续表

食用油营销第1书 余盛　著	从食用油的概况入手，小包装食用油的营销常识、品牌战略、营销方法，以及细分品类分类营销手段
乳业营销第1书 侯军伟　著	乳业营销的第1本书！从区域性乳品企业的实际情况出发，捕捉到他们最大的特点和现实中存在的关键问题，梳理出一条清晰的脉络，并提出了明确的解决方法
新医改下的医药营销与团队管理 史立臣　著	本书立足最新医改政策的解读，提供丰富的本土企业实践案例，为民营企业指明方向，提供变革之路，以及具体的方法措施
农资营销实战全指导 张博　著	农资营销实战的第1本书！如何找到提高销售效率和服务价值的营销模式是整个农资行业的重要命题，而本书就为您提供了完美答案
精品银行管理之道 崔海鹏　何屹　主编	本书提出打造精品银行是中小银行发展的战略选择，并从产品、业务、经营、客户、风险、团队等多个角度入手，全面又贴合实际地为读者提供行之有效的方法
建材家居营销实务：新环境、新战法 程绍珊　杨鸿贵　主编	站在营销模式创新的角度，为行业、企业营销开辟了一条新道路，并提供了具体的操作方法与参考案例供读者切实学习使用
农产品营销第1书 胡浪球　著	农产品实战营销的第1书！立足本土，33个核心问题配合生动案例，农产品营销盈利不再难
待出版，敬请关注	
书名及作者	**内容简介**
把客流变成购买力：本土零售业升级第1书 丁昀　著	本书立足于本土实践，从整个行业的角度出发，分析业态特点，提出行业转型升级之道，并辅以大量实际案例，分析具体方法。零售行业必看的一本书
首轮胜出后，企业如何二次突围 苗兆光　著	本书定位于中间型企业，这类企业面临企业成长瓶颈，需要可持续发展的动力，本书从企业战略、管理、组织、产品等方面逐个击破，通过实战案例解答困惑，给予读者切实的帮助
商业模式与品牌营销 杨旭　林子力　主编	需求为本，梳理产业价值链上的各方需求，找到一种能够满足各方需求的盈利模式，从而提升公司的地位和价值
突破成长的陷阱 夏惊鸣　著	本书是对企业发展中的一个具体阶段的思考，即从机会主义转向战略成长过程中的经营和管理问题的梳理
从白酒经销商到品牌运营商 付文利　著	扎根行业特色，对白酒经销商如何拓展市场、规范自己的管理体系，给出了一个系统、专业的框架
中国茶营销第1书 柏龑　著	本书扎根行业，各个击破，在茶叶营销独具特色的各个方面深入浅出的为读者提供具体方法

华夏基石丛书

书名及作者	内容简介
农资营销实战全指导 张博　著	农资营销实战的第1本书！如何找到提高销售效率和服务价值的营销模式是整个农资行业的重要命题，而本书就为您提供了完美答案
升级你的营销组织 程绍珊　吴越舟　著	本土第1部营销组织实战专著，用有机性的营销组织力代替"营销能人"，打造战略统一、策略灵活、执行力强的高绩效营销队伍
精品银行管理之道 崔海鹏　何屹　主编	本书提出打造精品银行是中小银行发展的战略选择，并从产品、业务、经营、客户、风险、团队等多个角度入手，全面又贴合实际地为读者提供行之有效的方法
建材家居营销实务：新环境、新战法 程绍珊　杨鸿贵　主编	站在营销模式创新的角度，为行业、企业营销开辟了一条新道路，并提供了具体的操作方法与参考案例供读者切实学习使用
华夏基石方法：企业文化落地本土实践 王祥伍　谭俊峰　著	作者10年积累、原创方法、一线资料，毫无保留奉献，是企业文化落地真正有洞察力和实操价值的一本书
阿米巴经营的中国模式 李志华　著	阿米巴经营理论来自于管理学泰斗稻盛和夫，本书将该理论进行了中国本土化的发散和拓展，形成一套专业完整的体系，具有很强的工具性及学术、实战价值
集团化人力资源管理实践 李小勇　著	系统性阐述了集团化人力资源管理方面的内容，适合集团企业的人力资源专业人员阅读学习
老板、经理人双赢之道 陈明　著	从企业家和经理人尤其是"空降经理人"共生的角度出发，发现问题、化解矛盾，让沟通变得简单、透明，让双方实现共赢
快消品营销与渠道管理 谭长春　著	本书立足快消品行业，帮助老板、营销总监、区域经理等各层管理者解决自己日常涉及的员工管理和渠道管理事务
走出薪酬管理误区 全怀周　著	本书梳理了薪酬体系构建中常见的8个误区，针对这8个误区，分别给出分析和解决方法
回归本源看绩效 孙波　著	企业对于绩效管理的应用可能进入了神秘化和技术化的误区，本书回归绩效管理的概念和本质，梳理绩效与企业经营的关系
企业文化激活沟通 宋杼宸　安琪　著	企业文化对于组织沟通状况的影响是根本性的。本书系统阐述沟通与企业文化的关系，帮助企业构建提升沟通效能的企业文化解决方案
待出版，敬请关注	
首轮胜出后，企业如何二次突围 苗兆光　著	本书定位于中间型企业，这类企业面临企业成长瓶颈，需要可持续发展的动力，本书从企业战略、管理、组织、产品等方面逐个击破，通过实战案例解答困惑，给予读者切实的帮助
从白酒经销商到品牌运营商 付文利　著	扎根行业特色，对白酒经销商如何拓展市场、规范自己的管理体系，给出了一个系统、专业的框架
突破成长的陷阱 夏惊鸣　著	本书是对企业发展中的一个具体阶段的思考，即从机会主义转向战略成长过程中的经营和管理问题的梳理

博瑞森管理丛书
征稿启事

当中国和中国企业崛起成为全球共识，本土管理咨询、管理研究与创新正随之兴起。

谁是中国企业最信任、最渴求的管理专家？

何种管理思想、方法更适合当下中国企业？

博瑞森图书联合国内诸多管理专家、专业媒体、出版社向本土管理咨询师、企业管理者、管理研究者征稿！希望通过“博瑞森图书”这一本土管理图书的出版平台，为广大管理专家提供研究、创新成果展示机会，让更多有利于中国企业崛起的好思想、好方法迸发出来，为企业助力，为中国加油！

无论您目前是否已有待出版的内容，只要您认为自己的思想符合我们的出版方向、标准，请您与我们联系，将您的个人简介、或博客链接、或文章等相关个人资料发送到：bookgood@126.com.我们将会协助您策划图书选题方向、整理内容资料、制定写作计划，并按照商业化出版模式出版、发行、推广您的作品。我们在为读者寻找好内容、出版好书，所以**特别说明：此活动绝非“自费出书”，不向作者收取任何成本、费用。**

其他联系方式：010－84645015 qq：1963328416

博瑞森图书已出版图书示例：《让管理回归简单》、《让经营回归简单》、《让用人回归简单》、《中层领导力》、《涨价也能买到翻》、《用流程解放管理者》、《边干边学做老板》、《卖轮子》（获2010年和讯年度图书奖）、《交易心理分析》（获2011年度上海“第一财经日报”投资图书奖）。